鈴木秀子
Hideko Suzuki

死にゆく人に
あなたが
できること

聖心会シスターが贈る
こころのメソッド

あさ出版

はじめに

——医療が進んで、体の痛みのコントロールはかなりできるようになってきました。しかし、死の直前に訪れる孤独や不安、絶望という〝心の痛み〟へのケアを、もっと大切にしていかなければなりません。この点は、これからますます医療関係者やカウンセラーなど、病人に付き添う人たちの間で教育されていく必要があり、デス・エデュケーションの大きな課題でしょう。——

私が雑誌『婦人公論』にこの文章を発表したのは1995（平成7）年頃のことでした。25年ほどがたった現在、日本は超少子高齢社会に突入しました。また、当時よりもさらに医学・医療が進歩したことにより、以前であれば病気や事故などで助からなかった命を助けられるようになっています。

統計データでは、日本人の平均寿命は1995年当時は男性が76・38歳、女性が82・85歳でしたが、2018(平成30)年には男性が81・25歳、女性が87・32歳となっており、20数年の間に5年近くも延びています。

一方で、日本はこれから多死社会を迎えると考えられています。2018年には、136・9万人が亡くなりましたが、今後、毎年死者は増え続け、2040(令和22)年にはピークに達し、1年間に約166万人もの人が亡くなると予測されているようです。

つまり、寿命が延び高齢者が増えていくのと同時に、私たちにとって死がより身近なものになっていくということです。戦中、戦後の混乱期を除けば、現代ほど死と向き合い、見つめ直すべき時代はないといってもいいでしょう。

そうした社会状況の変化にともない、医療の世界では医師と患者の関係も以前とはずいぶん変わり、医師にすべてを任せる治療から、患者の自己決定を重視する治療へと変化してきています。

インフォームド・コンセントの考えが普及したことにより、ガンなどの病気を患者に告知する割合もかなり増えているようです。また、終末期の患者のクオリティ・オブ・ライフ(QOL)を高めるため、在宅を含めターミナルケア(終末期ケア)を行なうホスピスも格段に増えています。

しかし現実には、治療方針などについて家族の間で意見が分かれたり、最悪の場合は仲違いが起きてしまうこともあります。また、どうしても生きていてほしいという家族の強い思いが、死にゆく人を苦しめてしまう場合もあります。

すると死にゆく人自身は、家族が争う姿を見たくない、これ以上悲しませたくないという思い、本心を伝えられないまま、一生を終えてしまうことになってしまいます。家族としては、よかれと思って望んだ延命治療が、逆に死にゆく人に不必要な苦しみを味わわせてしまい、やすらかで自然な死を妨げることになってしまう場合もあるのです。

大切な家族を亡くしたうえに、大きな後悔を背負ったまま生きていかざるをえなくなってしまった人に、私はこれまで何度もお会いしてきました。

では、どうすれば死にゆく人を安心させて、穏やかで幸せな最期を迎えさせてあげることができるのでしょうか。残された人が大切な人を失った悲しみや後悔を癒して、これからの人生で前を向いて生きていくには何が必要なのでしょうか。

誰にとっても死は怖いものであり、つらく、悲しいものです。大切な人にはできるだけ長く生きていてほしいと思うことは人として当然のことです。そして、いまだに死は縁起の悪いものとして忌み嫌い、苦しく、つらいだけのものととらえている人が多いのが現実でしょう。

でも、こうした考えはもう捨ててしまっていいのではないかと私は考えています。なぜなら、死というものは、けっして苦しいこと、悲しいことだけではないからです。

死とは人生において最後の大仕事です。生と死は切り離されたものではなく、誰もが死によってこの世での人生を完成させることができるのです。

そして、死にゆく人には次につながる生があり、死は残された人たちに人生でもっとも大切なことを教えてくれるのです。

どうして、そんなことがいえるのか……私はカトリックのシスターとして、またこれまで多くの人の死に立ち会い看取ってきた経験からも、その理由を本書でお話ししていきたいと思います。

死は誰にも訪れます。誰もが死からは逃れることはできません。あなたも、そしてあなたの家族や大切な人も。

この瞬間にも苦しみ、悲しんでいる人は多くいることでしょう。でも、死にゆく人の最期を幸せに見送ることは、残された人のその後の人生を実り多い豊かなものとして光輝かせてくれます。人生においては無意味なもの、無駄なものは何ひとつないのです。そして、これだけは忘れないでください。けっして、あなたは孤独ではありません。

本書が、死に直面して苦しんでいる人や、そのご家族にとっての救済と恵み、そして祝福となることを願っています。

鈴木秀子

2020年5月

はじめに 3

プロローグ

家族の葛藤を超えて深い絆が結ばれる 14
死にゆく教え子との再会 17
家族との別れ、そして旅立ち 21
残された者へのメッセージ 26
死にはたくさんの意味が込められている 28
死に向き合うときに大切な3つのこと 32

第1章 身をゆだね、死への怖れを手放す

価値観の喪失を味わった中学生時代 36
私が信仰の道に進んだ理由 39
8年間の沈黙の行 42
自己を犠牲にして人に奉仕する意味 46
不意の事故で知った不思議な世界 48
大いなる光の存在が語ったこと 52
「知ること」と「愛すること」 54
光に包まれた臨死体験 57
「癒してください」の声の主との再会 60
始まった死にゆく人との触れ合い 64
臨死体験者が語る世界 66
臨死体験には共通する特徴がある 74
小さな自分という尊い存在 76

第2章

「聖なるあきらめ」をもって死を受け入れる

あきらめることで人は救われる …… 82
なんとかなること、どうにもならないこと …… 84
何のために死を「明らめる」のか …… 86
突然だった最愛の息子の死 …… 88
息子の死から壊れ始めた夫婦の関係 …… 91
死んだ息子との再会 …… 94
息子が教えてくれたことの意味 …… 97
「愛し愛される」ことを望むのが人間の本質 …… 100
「許すこと」 …… 104
すべてのことに意味がある …… 108

第3章

死にゆく人との「仲よし時間」を大切にする

遠藤周作さんと順子夫人が紡いだ夫婦の絆 112
手と手を通して伝えられた最期のメッセージ 116
死にゆく人たちが本当に望んでいること 120
「仲よし時間」は死にゆく人との大切な別れの儀式 124
人にはそれぞれの「仲よし時間」がある 127
心あたたまる、愛ある夫婦の「仲よし時間」 134
死にゆく人に何をしてあげられるのか 137
心の通う医療の重要性 140
大切なのは死にゆく人に最期まで寄り添うこと 142

第4章

家族でともに向き合う死へのプロセス

幸せな看取りに大切な4つのプロセス …… 146
桜吹雪と死に支度 …… 148
死についても早めの対応が肝心 …… 151
認知症の夫の銀行預金でトラブルに …… 154
希望をもつことで病気が治ることもある …… 156
「死の受容の5つのプロセス」 …… 160
家族がすべてを受け入れていくことで安心感が生まれる …… 164
余命3カ月の結婚 …… 167
眠るように天に召された花嫁 …… 170
死にゆく人の言葉に耳を傾ける …… 174
受け入れること、ともにいること …… 176
最後まで耳は聞こえている …… 180
死にゆく人を眠りに誘う理由 …… 184

祈りの本当の意味 187
最期のときの、残される人の覚悟 189

第5章 死があなたに教えてくれる大切なこと

人が幸せになる秘訣は「三つの絆」を結ぶこと 196
幸せへの第一歩は自分を責めないで仲よくすること 199
見方を変えることで新しい価値がもたらされる 203
覚悟を決めることで生まれる自由 205
ドゥーイングの世界とビーイングの世界 209
死の間際に気づいた〝生かされている命〟 211
当たり前のことを大切にすると本当の幸せが見えてくる 214
死にゆく人の最期の言葉 217
死にゆく人の思いは世代を超えて受け継がれていく 222
昨日から学び、今日を生き、明日への希望をもつ 225

プロローグ

家族の葛藤を超えて深い絆が結ばれる

私が初めて大学の教壇に立ったときの忘れ難い教え子の一人、奈緒子（仮名）さんのお話をしましょう。

すらりと背が高く、容姿端麗という言葉がぴったりだった奈緒子さん。とても目立つ存在で、他の学生の羨望の的でした。でも本人は奥ゆかしく、はにかみ屋で、目立つことは好きではない性格でした。私のところに質問に来るときなど、いつも友人の後ろにいて、恥ずかしそうにしているような女の子でした。

そんな彼女と20数年ぶりに再会する場所が病室になろうとは、当時の私は想像もしていませんでした。

ある年、聖心女子大学で卒業生たちが集うイベントがありました。会場に続く廊下を歩いていると、ふと前方に一人の女性が立っているのが目に入りました。

その女性に徐々に近づいていきながら、私は不思議な引力のようなものを感じていました。何か大きな苦しみと悲しみを抱えながらも、それを受け入れつつあるような、深い静けさを全身にまとっていたからです。

彼女が私に顔を向け、目が合いました。卒業生だと思うのですが、誰だったかは思い出せません。どこか、なつかしいような思いを感じていると、彼女の唇が動きました。

「先生……明後日、妹に会っていただけるのですね」

彼女は奈緒子さんの姉の亜沙子（仮名）さんでした。奈緒子さんが今、重い病に侵され余命いくばくもない状態であるとの連絡を受け取っていた私は、その場で思いがあふれ、ただ無言でうなずき、亜沙子さんの手を握りしめました。

すぐに多くの人が集まってきたので、彼女とはすぐに別れました。その場で交わした言葉はほとんどありませんでした。亜沙子さんには言いたいこともたくさんあったと思いますが、私たちにはそれでも十分でした。私と亜沙子さんには言葉にはできない不思議な一体感が生まれていました。

2日後、亜沙子さんが私を迎えにきてくれ、病院へと向かう車の中で奈緒子さんの話を聞きました。

結婚して、社会人の長男と大学生の長女、それに高校生の三人の子供に恵まれ、暖かい家庭を築いてきたこと。私に会いたがってくれていたけれど、病気でやつれた姿は見せたくないと話していたこと。主治医からは、もういつ亡くなってもおかしくない状態だと告げられていること——。

「妹はまだ、自分が助からない病気だということを知りません。私も彼女の夫のUさんも本当のことを話していないのです。それにUさんは、まだあの子の死を受け入れることができないでいます。病院を変えて手術を受けさせたいとまで言い張るのです。

これまで奈緒子は、仕事で多忙な夫が少しでもリラックスできるようにと心を砕いてきました。小さいころからやさしくて、人に気を遣い、人のためにつくす子でしたから、死の間際になってさえも夫に気を遣っていて……。言いたいことも言えていない、自分の本当の気持ちを押し殺しているのが私にはわかるのです。それが、かわいそうで……」

奈緒子さんの気持ちも、ご主人の気持ちも、亜沙子さんの思いも私には痛いほどに伝わってきました。

死にゆく教え子との再会

病室に入ると、目を閉じて、静かにベッドに横たわる奈緒子さんの姿が見えました。当時、40代後半の奈緒子さんには、病気でやつれた感じはありませんでした。学生時代の面影を残す横顔には、大人になり、そして悟った人だけがもつような、穏やかで静謐な美しさがありました。

しばらくすると、ゆっくりと目を開け宙を見ていた奈緒子さんの目が、ベッドのそばにいる私を見つめました。

何が起こったのかわからない、という様子で不思議そうに私を見つめる奈緒子さん。すると次の瞬間、彼女の目に正気が戻り、その美しい瞳から大粒の涙がぽろぽろと流れ落ちました。私は胸がいっぱいになり、無言で彼女の手を握りしめていました。

彼女には今、確かに命が宿っている……。その命の輝きと、握った手のぬくもりを感じながら、私もあふれる涙が止まりませんでした。

静かな病室で、私たちはしばらく無言で手を握り合っていました。社交辞令のあいさつなど必要ありませんでした。20数年の時間の隔たりを越え、言葉にできない一体感をかみしめていたのです。

「今、言いたいことは？」と訊くと、奈緒子さんは「子供たちが……」と言いかけて、視線を外しました。

「三人もお子さんができて。本当にすばらしいお子さんたちに恵まれましたね」

と私が言うと、ゆっくり首を振りながら、「まだまだ……」と言います。

これほど死期が迫っていても、子供たちのことを「まだまだ」という彼女に、私はがんばり屋だった学生時代の顔と、母親としての顔を重ね合わせていました。

しかし次の瞬間、何かが変わりました。私を見つめる奈緒子さんは、やさしさに満ちた聖母のよう微笑みを浮かべ、こう言ったのです。

「そうですね……本当にあの子たちは、私にとっての大きな恵みでした」

私は奈緒子さんに「仲よし時間」が訪れたのを感じました。

のちほど詳しくお話ししますが、「仲よし時間」とは死にゆく人が最期に命を輝かせる時間のことをいいます。

この時間が訪れると、死にゆく人の価値観や視点が変わり、自分自身と仲直りし、家族や友人などへの愛を再確認します。場合によっては不仲だった人とも心の和解を果たします。そして、この世での人生の幸せな終わりに向かって、それまでの不安や恐怖、後悔などを手放し、ありのままの自分に戻り、死への準備を始めるのです。

「今はもう、私は死ぬことは怖くないのです」

奈緒子さんの声は、とても穏やかでした。ただのあきらめや絶望とも違う、確信という言葉がふさわしい深い落ち着きが感じられました。「仲よし時間」を迎えた人は、この世の次元を越えた世界に入っていき、すべてを理解していくようです。私はこれまで、何度もそうした場面に立ち会ってきました。

私は奈緒子さんに、私が死にゆく人たちを看取るようになるきっかけとなった「臨死体験」の話をしました。死は終わりではなく、命は続いていくこと。大いなる存在に抱かれて、すべてを許され、受け入れられること。この世から死後の世界に入って行くのは言葉にできないほどのやすらぎと、幸せに包まれた、すばらしいことであること。

その間、奈緒子さんは、ときにうなずき、残っている力を振り絞るように何度も私の手をぎゅっと握りました。そして、きれいな瞳で私を見つめ、「うれしい」とつぶやくと、手の力がすうっと抜けていきました。

「何か望むことはありますか？」

「私が死んでも……みんな…悲しまないでほしいのです」

「わかりかした。必ずご家族に伝えますからね。他に望むことは？」

「もうありません」

これまで口に出せずに胸に抱えていた思いだったのでしょう。奈緒子さんの「仲よし時間」が完了しました。私は奈緒子さんと心からのやすらぎを共有していました。

「それでは、眠りますか？」と言うと、奈緒子さんは静かな寝息を立て始めました。私は奈緒子さんと静かに呼吸を合わせながら、祈りを捧げました。


私は姉の亜沙子さんのことが気にかかっていました。二人で静かに病室の外に出ると、妹の口から死という言葉を初めて聞いたのがショックだったのでしょう、亜沙子さんは声を押し殺して、肩を震わせていました。

亜沙子さんの肩を抱きしめながら思いました。もっと思い切り泣かせてあげたい。それができる場所があり、悲しむ人を受け止めることができる人が身近にいれば、もっと多くの人たちが救われるだろうにと。

家族との別れ、そして旅立ち

翌朝、亜沙子さんから電話がありました。

「今日が山場だとお医者さんに言われました。先生、午後にでも来ていただけませんか」

季節は、その年の桜前線が東京にも近づいているころでした。窓を開けると、外はいつもより春の訪れを肌で感じられる穏やかな空気に包まれていました。

こんな、うららかな春の日に奈緒子さんは旅立とうとしている。私は自然の摂理というべきものを感じずにはいられませんでした。

病室のドアを開けると、夫のUさんと三人の子供たち、姉の亜沙子さん、そして親しい友人の方がベッドを囲んで奈緒子さんを見守っているのが見えました。

亜沙子さんとUさんは私に気づき、「よろしくお願いします」と言いながら、ていねいなお辞儀をしてくれました。一家の主として、なんとかしっかりしなければいけないと、

Uさんは必死で悲しみをこらえているように感じましたが、その顔には疲労と苦悩がにじんでいました。

家族のみなさんが静かに動き、私の場所をつくってくれました。私は厳粛な思いで心を整え、奈緒子さんとご家族の最期の時間に立ち会いました。

静かに目を閉じる奈緒子さんの呼吸は、もうずいぶん弱くなっていましたが、ひょっとして回復に向かっているのではないかと思えるほど肌の血色はよくなり、穏やかな表情を浮かべていました。

「奈緒子さん」と声をかけると、まぶたが微かに動きました。私の声が聞こえているようです。

「今、あなたを心から大切に思っているご家族が、みなさんここにいます。あなたは独りではありませんよ」

そう言いながら、胸の上で軽く組まれた彼女の手に私は手を添えて、息を長く吐きながら呼吸を合わせ、静かにやすらぎと癒しの祈りを捧げました。最期に不安を感じないように、ゆっくりと、何度も、孤独ではないことを繰り返し伝えていきます。

私は、集まったご家族全員にもいっしょに呼吸を合わせるように伝えました。そうすることで全員の呼吸が溶け合い、一体感が生まれます。

私たちを邪魔するものは何もありません。部屋全体が日常とは異なる次元の、一つの静謐な宇宙のように変わっていきます。もうそこには不安や怒り、憎しみなどはありません。

「奈緒子さん、これから家族の一人ひとりがあなたに伝えたかった大切なことを話していきますね」

私はまず長男のS君に「心の中で今感じている思いを、お母さんに話してあげて」と言いました。

長身の体を折りたたむように、彼は奈緒子さんのそばにひざまずいて、両手で母の手を握って言いました。

「お母さんは、生きているよ……お母さんは、いつまでも、僕たちの心の中で、生き続けていくよ……」

S君は何度も言い続けました。そして最後に心に刻み込むように言いました。

「お母さん、本当にありがとう」

もはや奈緒子さんには反応する力は残されていないようでした。ところが、S君が握っていた手を離して立ちあがった瞬間、奈緒子さんの右目からひとすじの涙が流れたのです。確かに、奈緒子さんには聞こえているのです。家族のみなが驚き、彼女の顔を見つめていました。

続いて、長女のMさんと次男のT君が語りかけました。

「ママ、私はママの子で本当に幸せだった。ママはいつまでも私のママだから……」

奈緒子さん似の長女のMさんの顔は悲しみをこらえながらも、凛とした美しさにあふれていました。

高校生のT君は、じっと奈緒子さんの顔を見つめていました。そして両手で母の頬を包み込み、「ママ、ママ、僕だよ……」と言うと、両手を母の頭にまわして抱きかかえ、自分の頬をしっかりと母の頬につけ、しばらくの間じっとしていました。母のぬくもりを忘れないように、別れを惜しむように。

夫のUさんは、ベッドに両手をついて、うなだれるように、しばらく頭を垂れてじっとしていました。思いはあるのに言葉が思うように出てこないようでした。

私が「名前を呼んで、〝愛している〟と言ってあげてください」と言うと、何かを決意したように顔を上げ、大きく息を吸い込んで、「奈緒子、奈緒子……」と何度も名前を呼びました。

名前を呼び続ければ、また元気に目を覚ましてくれるとでも思っているように。

そして、Uさんは思いを込めて言いました。

「愛しているよ」

すると、奈緒子さんは微かに目を開け、確かにささやきました。

「ありがとう……」

姉の亜沙子さんの目には大粒の涙があふれていました。そして、「奈緒子、今までほんとうによくがんばったね……もう何も心配することはないから、安心して」と言うと、奈緒子さんは微かにうなずきました。

「お友達のKさんも来ていますよ」と伝えると、奈緒子さんはわずかに微笑んで、その後に意識がなくなってしまいました。

その日の夕方、家族や友人に見守られながら奈緒子さんは穏やかに息を引きとりました。ありのままに生きることに少し不器用だった奈緒子さんは、自分らしい人生の最期を迎えることができたと思います。

残された者へのメッセージ

死にゆく人の多くは、自分の死が迫っていることを自然に感じていくものです。そうしたとき、家族などの「死んでほしくない」という願いがあまりに強いと、大切な家族を悲しませたくないという思いとの間で苦しんでしまうことがあります。

奈緒子さんの場合は前もって、家族以外の第三者である私に自分の家族への思いを打ち明けることができたので、やすらかな最期を迎えることができたのだと思います。

そして、家族のみなさん一人ひとりが心の葛藤を乗り越えて、それぞれの思いを最後に奈緒子さんに伝えるという「別れの儀式」を行なうことができたのは、とてもすばらしいことでした。

なぜなら、残される人たちは別れの時間をもつことで現実をしっかりと受け止めることができ、その先の人生を生きていくための決意ができるからです。

私は亜沙子さんに、奈緒子さんの最期のメッセージを家族のみなさんに伝えてほしいこと、悲しみを我慢せず思い切り泣いてほしいこと、できるだけのことはしたのだから、自分を責めたり、後悔しないようにとお話ししました。

そして、もちろん悲しみは簡単に癒えるものではないけれど、残された家族みんなで力を合わせて、幸せになることを決意してほしいと伝えました。


一週間後、亜沙子さんと奈緒子さんの長女のMさんが私を訪ねて来てくれました。二人とも葬儀などで慌ただしい時間を過ごしたと思いますが元気そうで、晴れやかな顔をしていたことで私は安心しました。

Mさんは澄んだ目で私を見つめながら、こんなことを話してくれました。

「母の死は、大きな意味とメッセージを残してくれました。私は芸術の世界で生きていきたいと考えています。そのためには結婚はしないほうがいいのだろうとも考えていました。でも母の最期を看取って、家族のすばらしさと大切さにあらためて気づいたのです。母はどう思っていたのか、今となってはわかりませんが、いつか私はいい人と出会えたら、結婚して家族をもちたいと思っています」

Mさんは大切な母の死によって人生観が大きく変わりました。Mさんの話を聞きながら、私は彼女の中で母である奈緒子さんが確かに生き続けていることを感じていました。

奈緒子さんの死は私たちに大切なものを残してくれました。死は、けっしてすべての終わりではないことをあらためて教えてもらったことに感謝し、私は心の中で奈緒子さんに「ありがとう」とつぶやいたのでした。

死にはたくさんの意味が込められている

今、この瞬間にも多くの人が死に直面し、たくさんの家族や親しい人たちが苦しみや悲しみを抱えているでしょう。

そこで、本書を進めていく前に、まずは私が「死」についてどのように考えているのか、そして、どういった確信をもっているのかについてお話ししたいと思います。

死というものについて、どのように感じ、考え、どう受け止めるかは人それぞれです。それでも、やはり死を肯定的に捉えるよりも否定的に捉える人のほうが多いのではないでしょうか。

・死は孤独なもの、ひとりさみしく死んでいくのは耐え難い
・死ねばすべてが無になる、これまで生きてきた意味もなくなる
・残された家族のことが心配で、死ぬに死ねない
・家族と別れるのは本当につらい
・死ぬことが怖くて、怖くてたまらない、考えたくもない
・苦しみながら死にたくない
・まだやり残したことがある、後悔もある
・まだ何もやり遂げていない、このまま死にたくない

このように考えたり、感じたりすることは人として自然なことだと思います。

しかし、これまで私が死の瞬間に立ち会った人や、大切な人を亡くした家族や友人の中には、死に対してまったく異なる考えや思いをもっている方々が多くいることも事実なのです。

たとえば、次のようなものです。

・死は誰もが経験することで特別なことではない
・死は怖いものではない、恐れることはない
・人は命を創りだすことはできない
・人は大いなる存在と呼ぶべきものに生かされている
・人にはそれぞれ生きる使命があり、それが終わると死を迎える
・人生に無駄なことはない、苦しみにも意味がある
・死があるからこそ生は輝き、生きる価値がある
・死にざまは、その人の生きざまそのもの
・人は孤独ではない
・すべては一つにつながっている
・死は終わりではなく、生の続きである
・死の間際、苦しそうに見えても本人の魂は至福のときを味わっている
・魂も死後の世界も存在する
・死ぬときは親しい人があの世から迎えに来てくれる
・死によって、自分のすべては許され、受け入れられ、癒される

・この世も、あの世も、もっとも大切なのは愛である
・死は、その人にとっていちばん良いときに訪れる

死に対するこうした考えや思いは、どれが正しく、何が間違っているということはありません。また、答えを一つに限定する必要もないでしょう。

なぜなら、それぞれの人にとって、その人が体験したことが真実だからです。自分にとっての真実は、他人と比較して優劣を決めるものではないし、人の意見や評価によって決定され証明されるものでもないからです。

私は確信しています。死は不吉なものでも、忌み嫌って避けるものでもないことを。そして、死のあとには、やすらぎに満ちた至福の世界があることを。

ですから、どうか死のマイナス面ばかりを考えて、不安や恐怖や悲しみに囚われないでください。

この世界のすべてには陰と陽が存在するように、物事には良い面と悪い面があります。どちらか片方だけでは成り立ちません。両方が合わさって、この世界も、一人ひとりの人生も成り立っています。

物事の良い面を見ていくことが幸せに生きるための秘訣の一つであるように、死のプラス面に気づき、知ることで、死はあなたに新たな視点と価値を与えてくれるのです。

死に向き合うときに大切な3つのこと

誰もがいずれ死を迎えます。しかし、死はすべての終わりではありません。そして死は、残された人に大切な意味や多くのメッセージを残してくれます。

死は人にとって、もっとも大切な人生の仕上げの時間です。そして、死の先に続く生があり、人は死後に次の世界に入っていきます。

そこで大切なことは、不安や恐怖、恨みや後悔などを手放し、この世での人生を完成させることです。ですから、大切な人を見送るご家族は悲しむだけでなく、死にゆく人が幸せに逝くためのサポートをしていくことが重要になってきます。

人は、祝福されてこの世に生まれてきます。そうであるならば、死ぬときも例外なく、誰もが祝福されて、この世を卒業するべきです。その権利と人間としての尊厳を誰もがもっているのです。

では、死にゆく人とそのご家族にとって、死と向き合い、受け入れていくために必要なこととは何でしょうか。私は大きく、次の3つが大切だと考えています。

1、「大いなる存在」を実感して、人は生かされていると知ること
2、「聖なるあきらめ」によって執着を手放し、現実を受け入れること
3、死にゆく人との「仲よし時間」を大切にすること

「大いなる存在」を実感して、生かされていると知ることで、不必要に死を恐れることがなくなります。そして、死は終わりではなく、その先に続く生があり、よろこびに満ちた世界があることがわかります。

「聖なるあきらめ」を理解することで、自分の力では超えられない、どうにもできないことがあることがわかると、執着を手放すことができます。そして、現実を受け入れることができれば、死の本当の意味がわかるようになります。

すると、死にゆく人との「仲よし時間」がとても大切なことがわかります。この時間を

しっかりもつことができれば、死にゆく人は孤独を感じることなく、本当の気持ちを残される人たちに伝えることができます。そして、安心して旅立つことができるのです。

これらが、死にゆく人にあなたができることであり、それがわかれば自分自身も癒すことができるようになります。

死はつらく悲しいだけではなく、これから生きていくうえで大切なことを学ぶ場でもあると気づくことができれば、当たり前だと思っていたこの命が、じつはどれほど尊く、奇跡的なことであるのかがわかるでしょう。すると、死にゆく人への本当の愛を実感することができると思います。

どうでしょうか。不思議そうにしたり、考え込んだりしているあなたの顔が目に浮かぶようです。

では次章からは、私が信仰の世界に入った理由、そして死ぬことはただ怖いことではなく、死には大きな意味があるのだと理解するきっかけとなった神秘的な体験についてお話ししていきたいと思います。

第1章

身をゆだね、死への怖れを手放す

価値観の喪失を味わった中学生時代

私が生まれ育ったのは、伊豆の白浜という海の美しいところです。

ちょうど多感な中学1年生のときに終戦を迎え、それまでの価値観が大きく転換するという経験をしたことが、その後の人生に大きく影響しました。それは、価値の喪失体験といっていいものでした。

私が通っていた中学校には天皇陛下の写真が祀られていました。生徒がその前を通るときは、お辞儀をしないと先生に怒られるという時代でした。ところが、戦争が終わり、新学期になり、写真にお辞儀をする友達を見て、「いまだに、あの前でお辞儀をする馬鹿者がいる」と先生が言うのです。

また、「生徒のなかに、いまだに神社の前でお辞儀をしている馬鹿者がいる」とも言われました。そう言ったのは、ほんのこの前まで「神社の前では、お辞儀をしなさい」と言っていた教頭先生でした。

教科書のあちらこちらのページを墨で塗りつぶすようにも言われました。それまで、よいこと、大切なことだと教えられてきたことが、戦争が終わったとたん、悪いもの、不要なものだとされたのです。

理由もわからないまま、大きな矛盾を抱えながら、さまざまなことが否定されていきました。真っ黒になった教科書を見ながら、私の心も何ものかに黒く塗りつぶされていくような、重苦しい気持ちになっていきました。


日本人はよくいえば柔軟性があり、悪くいえば変わり身が早いともいわれます。それぞれの特性として、ソリッド（固体）な欧米人に対して、日本人はリキッド（液体）に譬えられることもあるようです。

確かに、最近の日本の社会では「空気を読む」とか「忖度」ということがよくいわれます。そもそもは、どちらも相手の気持ちを推し量る、配慮をする、という意味で使われる言葉です。

しかし今では、たとえ本意でなくても、自分は正しいと思っていなくても、その場の空気に合わせるとか、自己保身のために上司や目上の人に気を遣う、というような意味で使われることが多いように思います。こうしたことなどは、その場の空気に流されやすい日本人の特性の現われかもしれません。

もちろん、リキッドの液体的な特性が悪いわけではありません。形をもたない水が、そのとき、その場所で自由自在に形を変えて存在していく柔軟性は、幸せな生き方の大きなヒントにもなります。

しかし、一歩間違えると自分の考えをしっかりもたずに他人の言動に同調して流されていくことは、大きな過ちを犯しかねない危険性をはらんでいるように感じます。

混沌、思考停止、虚無……とにかく、それまで大切だと教えられてきたことが、一夜のうちに否定されるという価値観の喪失は私にとっては大きなショックでした。

たとえば、家庭で親の言うことがコロコロと変わったり、職場で上司の言っていたことが次に日にはガラリと変わってしまったらどうでしょう。戸惑い、混乱し、怒りが込み上げてきたり、やる気をなくしてしまうのではないでしょうか。そうしたことが、はるかに大きな国という単位で、私のなかで、一つの疑問が生まれてきました。

次第に私のなかで、一つの疑問が生まれてきました。

「ではいったい、何が本当なのか？　何を信じればいいのか？　この世に永遠に変わらないものなどあるのだろうか?」

そうした疑問は、年々大きく、重く、満たされない思いとなって私を苦しめていきました。何をしていても、いつも私の心は乾いているようでした。栄養分をあげても心のどこかに穴が開いていて、常にそこから漏れてなくなってしまうような、空虚な思いをもち続けていたのです。

私が信仰の道に進んだ理由

その後、私は聖心女子大学に進学します。クリスチャンの家だったわけではありません。あとから考えれば、これも大きな導きだったのだと思いますが、そのときは縁あって、たまたま選んで進んだという感じでした。

東京のカトリック系の女子大学は、それまで私が生きてきたのとはまったく違う別世界。ここでの新しい生活は驚きの連続でした。そうしたなかで、もっとも私が心惹かれたのはシスターたちの存在でした。

女子の寄宿舎では、学生たちの食事が終わるとシスターたちは何かをつぶやきながら食器を洗っています。廊下ですれちがうときなどは沈黙しながらニッコリ微笑み、口のなかで何かをつぶやいています。

いったい、シスターたちは何を言っているのかと思ったら、それは、「このお皿で食事をした学生が幸せになりますように」「廊下ですれちがった学生が幸せになりますように」と、学生たちのために祈りを捧げてくれていたのでした。

また、シスターたちは毎日、何人もの学生たちの英作文をていねいに添削してくれていました。故郷を離れ、さまざまな国から日本へ来たシスターたちのあたたかい心に包まれ、私たちのような親元を離れて暮らす学生たちは、とても安心して学生生活を送ることができていました。

他の人のために祈り、奉仕を続けるシスターたちを毎日見ていて、私のなかで何かが変わっていくのを感じていました。

聖心女子大学の同級生に、後に作家として活躍する曽野綾子さんがいました。幼稚園から聖心に通っていた曽野さんから教えてもらった戦時中の話も忘れられないものです。

当時、学校に憲兵が突然やって来て、教務訓練というものを始めることがありました。「世界を一つの国家に統一せよ!」「鬼畜米英、敵国を憎め!」「キリストなどいないのだ。今教えていることはすべて間違いだ。おまえたちは、お国のために仕えなければいけない」などと荒々しく言い放つのだそうです。

その間、シスターたちは何も言わず、黙っています。そして憲兵たちが帰っていくと、彼らを批判することもなく、何事もなかったように自分たちが信じることだけを静かに話し始めるのだといいます。

「人間はみな不完全な存在だから、憎しみ合ったり、争ったりします。でも神様のもとではすべての人が平等。神様は一人ひとりを分け隔てなく大切にしてくれるのだから、自分を大切にして、他の人も大切にする生き方をしなさい」

曽野さんは次のように言っていました。

「私が聖心で受けた教育は、戦時中も戦後も変わらなかった。戦争があろうがなかろうが、人間として大切にすべきものを徹底的に教えられた」

すべてを破壊する戦争のただなかでも、けっして揺るがない信念。それを支えている神の愛への信頼。

それは理屈ではありません。この世のものを超えるもの、どんな時代でも普遍なるものがあることが心にすうっと入ってきて、すとんと腑に落ちるのがわかりました。私は目に見えない何か大きなものに導かれていくのを感じ始めていました。

8年間の沈黙の行

修道院に入り、シスターの道に進みたいと話すと、両親は大反対でした。一生の問題ですから、無理もないことです。私自身、もちろん迷い、悩みました。

神に仕えるということは、自分のすべてを捧げることです。女性としては、結婚をして、子供を産み、育て、幸せな家庭を築くという人生をあきらめることです。

今とは違って、当時の修道院は中世ヨーロッパのとても厳しい規律がそのまま生きている世界でした。一歩、修道院に足を踏み入れたなら、二度と外には出られない。一歩でも出たら、初めから修業をやり直さなければいけない。そうした人生を自分は本当に望んでいるのか、何度も自問自答しました。

しかし、一度知ってしまったら元には戻れない。私はストイックで不自由な人生を送りたいのではない。子供のころから抱え続けてきた心の渇きを癒すもの、この世にあっても変わらないもの、その世界に入っていくことでこそ得られる魂の自由を、ただひたすら求めていたのです。

そうして私の8年間の沈黙の行が始まりました。

修道院に入ったのは10月の終わりごろ。敷地の樹木の葉がうっすらと紅葉に色づき始めていました。入り口の木の扉の前には「ここから先、一般の人は入ってはいけません」と書かれた立て札があったことを覚えています。

その扉を開けて、私は神秘のベールに包まれた修道院の世界に足を踏み入れたのです。

修道院での修行で、もっとも大切なことの一つは「沈黙の行」です。修道者には、絶対の沈黙が義務づけられます。

たとえば修行の初期では、食事の際はお皿の先を見てはいけません。歩くときは、自分の1メートル先までしか見てはいけません。人に会ったときには、誰にも目を向けてはいけません。聖書以外の文字もいっさい見てはいけません。また、虫に刺されてかゆくても、かいてはいけないなど五感のコントロールも行なっていきます。

この沈黙の行と五感のコントロールは、修行が進むにつれ、さらに徹底していきます。話さないという言葉の沈黙から、理性や精神といった「頭の沈黙」（サイレンス・オブ・マインド）、感情をコントロールする「心の沈黙」（サイレンス・オブ・ハート）へと進んでいくのです。

話さないというのもむずかしいものですが、もっとも苦しかったのは頭と心の沈黙でした。人は普段、絶えず何かを頭で考えたり、心で感じたりしています。無意識に想像したり、妄想を楽しんだりして、想念、雑念が頭と心を支配します。これらを取り払い、自分を「無の状態」にしていくのです。

意識が乱れて、気が散りそうになると十字架のロザリオを触り、祈りを唱えます。これは、祈り続けることで、そのリズムを心と体に刻みつけて意識を集中させていく訓練でもありました。

なぜ、こうした修行をするのかというと、「神に心を揚げる」そのことに集中するためです。自分のエゴではなく、常に「神の目で見る」ようになるために、自分の中にあるエゴを徹底的に叩いて、人間の常識を打ち破り、超えていく訓練を積み重ねていくのです。

高次元から自分を見ることで、エゴは私の一部であって、私ではないということを理解していくともいえます。

心と五感を無の状態にしていく訓練を重ねていくと、雑念が取り払われ、心に穏やかな静けさが訪れます。何ものにも影響されない意識の状態になると、さらに自分のなかのもっとも深い部分に入っていき、直感が研ぎ澄まされていきます。

本当の自分に触れることで、表面的なことだけではわからないことが見え、感じることができるようになっていきます。頭ではなく直感でわかるのです。

それは科学者や芸術家がインスピレーションを得るときや、アスリートがゾーンと呼ばれる状態に入り、普段以上の力を発揮できるときにも似ていると感じます。また、禅の修行で至る無我の境地とも近いのではないでしょうか。

そして、自分のなかの深いところに入っていくと、神の存在を感じることができるようになります。

神と対話し、神と一体になり、常に神の価値観で心が動き、行動できるようになると、神の愛とは人を裁くものではなく、真の人間らしさに導き、新しい人生を生きるために必要な超自然の力であることがわかってきます。それが頭だけでなく、魂の部分で理解できるようになっていくのです。

自己を犠牲にして人に奉仕する意味

修道院での日々では、普通の生活ではありえないことに戸惑うこともあり、正直に言えばつらいこともありました。それでも、まだ若かった私は希望と理想を胸に秘め、ただひたすらに、すべてを受け入れ、修練の日々を生きていました。

そんななか、一度だけ心が揺らいだことがありました。それは、聖心女子学院中等科の生徒の監督に行ったときのことでした。

富士山の裾野に広がる約21万坪の広大な敷地に、姉妹校の不二聖心女子学院があります。ある夜の自習時間でのことでした。生徒たちを見守りながら、私は祈りを捧げていました。私の大学生時代に祈り続けてくれたシスターたちのように。

生徒たちの熱気のせいでしょう、ほのかに頬を紅くしながら真剣に勉強をしている彼女たちを見ていたとき、不意に私の中にある感情が芽生えました。それは、今まで感じたことのないものでした。

「私は生涯、この子たちのように愛しくかわいい子供をもつことができないのだ。これが私の払う犠牲なのだ」

母性本能と自己犠牲。この二つが私の心を締めつけるのでした。

修道院に入る前、あるシスターが独白のように語っていた言葉が蘇りました。

「この世の終わりという言葉があるけれど、考えてみればシスターとして生きる私という存在は、いうなれば世の終わりのようなものです。先祖から脈々とつながり、受け継がれてきた血を、私は子孫に受け継がない。私のところで途絶えさせてしまうのですから、私は私の一生をどう生きるのか、その責任は大きいのです」

自己犠牲とは、自分の時間や労力を削って何かをすることでも、つらいことを自分からすすんですることでもない。女性である私には、結婚をして子供を産みたいという本能があり、その可能性をもっている。そうした自分のもつ大切ないいものを、すすんで人のために捧げることが犠牲の本当の意味なのだ。

私はこのとき、神に仕えるということの意味と神の愛を人々に伝えるという自分の責任を、あらためて自覚したのでした。

不意の事故で知った不思議な世界

ときに私は、見る、聞くといった五感、空間や自分の体を感じる感覚、さらには言葉というものを、とてももどかしく感じることがあります。

そんなとき、いつも私は、まばゆく輝き、無条件ですべてを包み込んでくれる光の存在を感じます。その光に導かれるように、私はこれまで多くの人の死に立ち会い、看取ってきました。

そのきっかけとなった不思議な体験をお話ししましょう。

以前の修道会には「教えるシスター」と「労働するシスター」がいました。仕事の内容は違いますが、もちろん身分の差などはありません。私は8年間の「沈黙の行」を終え、東京大学の大学院で近代日本文学を専攻したあと、教職の道を歩んでいました。

ある年、神戸にある甲南女子大学で行なわれた「日本近代文学会」に出席した私は、その足で奈良に移動し、翌日、奈良女子大学で予定されていた「全国大学国語国文学会」に出席する準備をしていました。

その日の宿泊先は、「善きサマリア人の修道会」でした。友人のシスターがいたので泊めていただくことになっていたのです。

その修道会に着いたのは夜の9時頃で、友人のシスターが笑顔で迎えてくれました。他のシスターたちは祈りの会に出かけていたため、修道会のなかはひっそりと静まっていました。

修道会の建物は、もともとはある宮家の別荘として使われていたものだそうで、普通の建物よりも天井が倍ほども高い構造になっていました。

「階段が急だから、足もとに気をつけて」

見上げると、確かに高く急な階段で、電気の消えた上の階は真っ暗闇でした。あとで聞いたところによると、高い天井の上にさらに二階部分を増築したということでした。

「今夜はシスターたちの帰りは遅くなるから、先におやすみになってね」

いつも変わらぬ彼女のやさしさを感じながら、私は彼女の言葉に甘えて、ベッドに疲れた体を沈めました。

時間も空気も、すべてが密やかに流れているような夜でした。私はなかなか寝つけず、うとうとしては目を覚ましてしまい、明日の学会のことを考えたりしていました。

他のシスターたちは帰ってきて、眠りについてしまったのでしょう、物音ひとつ聞こえません。私は、じっとしているのをもどかしく感じ、何とはなしにベッドを抜け出しました。

眠っているシスターたちを起こさないよう、電気をつけず、暗い廊下を静かに歩いていきました。確か二階の廊下には曲がり角があったはずです。壁づたいに歩きながら、角だと思っていたところで足を一歩踏み出しました。

その瞬間、私の体はバランスを崩し、あの高く急な階段を一気に下まで転げ落ちてしまったのです。曲がり角の廊下だと思っていた先は階段だったのです。あっという間の出来事でした。

ふと、我にかえると、私の体はまっすぐ立ったままの状態で空中に浮かんでいました。不思議なことに、その私をさらに高いところにいるもう一人の私が見つめているのです。二人の私が同時に存在し、そのどちらも私自身でした。

よく見ると、空中に浮かんでいる私の足元は、なぜかタケノコの皮のようなもので覆われています。すると、そのタケノコの皮のようなものが一枚、二枚と散っていくのが見えます。

高いところにいるもう一人の私は、その様子を見ながら一枚散るごとに、自分が解放され、自由になっていくのを感じています。

「あぁ……これで私はもう人の言うことに煩わされずにすむ」
「もう、人の目を気にしたり、人に気を遣わなくてすむ」
「人との競争で自分を擦り減らさなくてもいいのだ」
「人を怖れ、不安に脅えることからも自由になった……」

そうつぶやきながら、私はこれまでの人生では得ることができなかった解放感とうれしさ、そしてやすらぎを自分全体で感じているのです。

あとでわかったことですが、タケノコの皮のように思っていたものは蓮の花びらでした。仏教では、蓮の花は智慧や慈悲の象徴とされています。数年後、台湾のある有名なお寺を訪ねたとき、仏像の台座がこのときのタケノコの皮とそっくりな蓮の花びらに包まれているのを見て、あれは蓮の花だったのだと納得したのでした。

大いなる光の存在が語ったこと

いよいよ最後の一枚になりました。私は、「これが落ちたら完全に自由になれる」と思いました。と、その瞬間、また私の体はすうっと上昇し、二人の私が一つに溶け合いました。そして、さらに天高く舞い上がっていきました。

天上の極みまで達すると、その一角から光が射してきて私を包みこみました。それは、これまでに見たことのないほど美しく、まばゆく、白く輝く金色の光でした。でも、まぶしすぎて目が開けられないということはなく、限りなくやさしい光でした。そして驚くことに、その光は人格をもっていて、生命そのものなのです。

一面が光に包まれました。私は至福に満たされ、完全に自由でした。同時に、光と私は完璧につながっていて、深い一体感を味わっていました。というよりも、私は光の一部であり、この世のすべての人や生き物は何もかもがつながり、一つとなり、この光の一部なのでした。

私のすべての機能、五感は開かれ、生き生きと冴えわたり、最高の状態で調和しています。夢を見ているような曖昧な状態とは違い、私の思考回路は理路整然と、しかも高速に稼働し、すべてが一瞬のうちに理解できるのです。

光は、私のすべてを知り尽くし、理解し、許し、受け入れてくれていました。私は明確に、疑いの余地なく理解しました。これこそが究極の愛なのだと。

そして興味深いことに、この至福の世界には時間がないのです。始まりも終わりもなく、時間に追いかけられ、焦ることもありません。私は、これこそが永遠なのだと理解しました。

すると、どこからか声が聞こえてきました。

「癒してください、癒してください」

それは少しつたない感じの日本語で、独特のアクセントをもっていました。

それに続いて、光の存在から「現世に帰りなさい」という声が聞こえてきました。そして光の存在は言いました。

「おぼえておきなさい。現世に戻ったとき、もっとも大切なのは〝知ること〟と〝愛すること〟の二つです」

それは音として耳に聞こえるのではなく、言葉そのものが直接私の体の中に入ってくるのと同時に、魂と頭の両方の深い部分で瞬時に「わかる」という感覚です。

でも私は帰りたくありませんでした。この至福の、完全なる一体感の世界にいつまでもいたいと感じていました。

「知ること」と「愛すること」

光の存在からの重要なメッセージを伝えられたあと、私は一瞬、意識が戻ったようでした。気がつくと私は、修道院の二階のベッドに寝かされていました。その前後の記憶がほとんどないのですが、シスターたちの話を総合すると、次のようなことでした。


真夜中にいきなり大きな物音がしたので、あるシスターが起きてみると、階段の下に見知らぬ女性が倒れている。驚いた他のシスターたちと駆け寄り様子を見ると、私はよろけながら立ちあがり「大丈夫……」と言い、支えられながら二階の部屋に行った。

ベッドに横になった私は、声をかけられると返事をしていたが、そのうち返事がなくなったので、これは大変と救急車を呼んだ。駆けつけた救急隊員は、「こんな高い階段から落ちて死ななかったのは奇跡だ」と驚いていた。担架で階段を下りるのは無理だと話していると、また私は「大丈夫」と言って、自分で階段を下りた──。

「この人は頭と口さえちゃんとしていればなんとかなるんですから、頭と口が大丈夫かどうか調べてください」

友人のシスターの声でした。なんておかしなことを言っているのかと思って目を開けると、そこは病院の診察室でした。私はまた意識を失っていたようでした。

「1+1はいくつですか?」「この指は何本に見えますか?」「1から5まで数字をかぞえてください」

医師の質問に私が答えると、「どうやら頭は大丈夫のようだ」と言います。なんでこんな変なことを言うのかと思っていると、私が階段から落ちて、この病院に運ばれたことを聞かされました。5時間ほどが経過していました。

次の日、再び検査をしましたが、不幸中の幸いで肋骨にひびが入っていただけで他の異常は見つかりませんでした。

全身打撲の痛みで寝がえりを打つのもつらい状態でしたが、私の心は高揚していました。光の存在の実感と記憶、そして至福に包まれた感覚はまだ冷めやらず、私は恍惚としたままベッドでの時間を過ごしました。

おとぎ話の「浦島太郎」の童謡の歌詞で、龍宮城の様子を「絵にもかけない美しさ」と歌っていますが、私が体験した光の世界も、とても絵では描き表わせない、言葉でも伝えきれない世界だと思い返していました。

体の痛みが和らぎ、3日が過ぎたころには徐々に私の精神も日常に戻りつつありました。外の空気が吸いたくなり、窓を開けてみると、目の前には一面、豊かに実った黄金色の稲穂の絨毯が広がっています。

稲の香りを胸いっぱいに吸い込むと同時に、私は言いようのない感動に包まれました。空の雲も、そよぐ風も、稲穂もすべてが呼吸し、脈打っています。今まで私は気づいていなかっただけで、すべてが生きているのです。そうした生命のなかで私は生かされている。そのことにようやく気づいたのでした。

あの体験以来、私のなかですべてが大きく変わりました。まるで、別次元にシフトしたようでした。

あの大いなる光の存在に守られている安心感があれば、日常の悩みやストレス、怒りなどはとても小さなことに思えました。それまで自分がもっていたプライドやこだわり、過去に味わった後悔や嫌悪感、将来への不安や心配などはすべて取るに足りないことで、「今、ここ」にある自分と同時に他者が愛おしく感じられました。

この世界だけでなく大宇宙のすべての存在には生命が宿っていて、それらは絶妙な秩序のなかで調和し、それぞれの役割を果たしている。そうした真実が言葉ではなく、頭ではなく、すとんと腑に落ち、魂が「わかった」と気づくのです。そして、大いなる光の存在への感謝の思いがあふれ出てくるのです。

私は光の存在から伝えられた、もっとも大切だという「知ること」と「愛すること」の意味を考えていました。

光に包まれた臨死体験

東京に戻った私は万が一のため、当時通院していた病院に検査入院をすることにしました。

じつは私は、その数年前から膠原病を患っていました。膠原病は難病指定されており、この令和の時代でも完全には原因が解明されていない病気です。

私の場合は、特に寒くなると筋肉や関節など全身が硬直して痛みを伴い、ひどいときには全身に鉄の輪をはめられたように痛く、呼吸をするのも苦しくなっていました。その検査も兼ねて入院したのです。


入院中、友人であるイギリス人のシスターがお見舞いに来てくれました。

「今、とても興味深い本を読んでいるの」

そう言って差し出したのは、『LIFE AFTER LIFE』（日本語版『かいま見た死後の世界』）という洋書でした。１９７５（昭和50）年に出版された臨死体験をテーマにしたもので、著者はレイモンド・ムーディというアメリカ人の医師、心理学者でした。

臨死体験は世界中で数多く報告されていますから、今では多くの人がその存在を知っているでしょう。

アメリカで『LIFE AFTER LIFE』が出版された同時期には、エリザベス・キューブラー＝ロスという精神科医が書いた本も出版され、その後、日本でも臨死体験関連の翻訳本や書籍が何冊か出版されています。しかし、１９７０年代後半の当時は、オカルト扱いどころか日本では知っている人は少なかったのではないでしょうか。

もっとも、日本でも古くから、あの世には三途の川があって、向こう岸で死んだ家族が微笑みながら自分を呼んでいたとか、見たこともないきれいなお花畑があった、といった、死の間際まで行って生還した人たちの経験談はたくさんありました。それでも、臨死体験という言葉自体やその存在が日本でも広く知られるようになったのは、１９９０年代前半、ジャーナリストの立花隆さんが出演した臨死体験関連のＮＨＫの番組と本の出版からだったと思います。


初めは、友人のシスターの話を何気なく聞いていました。しかし、次の話を聞いた瞬間、私はハッとしました。

「臨死体験をした人たちのなかには、光に出会う人もいるらしいの」

それはまさしく私が出会った、あの光の存在と同じような体験談でした。そして、彼女は続けました。

「さらに、この光に出会った人は、その後の人生が大きく変わったり、特別な超能力のようなものが身についたりするらしいのよ」

その後、彼女から借りた本を読んでみると、私と同じような体験をしている人が海外にもいることがわかりました。

臨死体験に興味をもった私は入院中、何人かの医師に亡くなる患者さんの最期の様子を聞いてみました。すると、泣きながら亡くなる患者さんはいないこと。また患者さんのなかには、とてもやすらかな表情になったり、美しいものが見えると言いながら亡くなっていく人がいるというお話を聞きました。

私は思いました。

「あれは臨死体験だったのだ、私は死後の世界を垣間見てきたのかもしれない……」

確かに臨死体験というものがあり、最期に人は光の存在に出会ったり、美しい世界を見たり、至福のなかで死んでいくものだということがわかりました。そして、もし不思議な能力が開花するなら、どんなものだろうかと少し期待をしていたのです。

「癒してください」の声の主との再会

実際、その後の私の人生は大きく変化していきました。

検査の結果、落下による後遺症の心配は見つかりませんでした。そして、信じられないことに数年間も苦しんできた膠原病が、きれいに治ってしまったのです。

主治医の先生が驚いていたのはいうまでもありません。まるで、狐につままれたような不思議そうな顔をしながら、「鈴木さん……きれいに治っています」と言っていたことが今でも忘れられません。その後、再発もなく、他の病気になることもなく、現在に至っています。

また、会うだけで、これから体調を崩してしまう人とその症状がわかったり、病気の人の体に触れるだけで調子が悪い部分がわかることもありました。なかには、私が触れることで体調がよくなる人もいました。たしかに、不思議な超自然的な力が身についたと感じることが何度もあったのです。

初めのころは神秘的な体験をしたという高揚感もあり、私は無防備に臨死体験の話をしていました。好意的な人もたくさんいましたが、なかにはそうした話を快く思わない人もいました。怪訝そうな顔をする人、頭から否定をして取りつくしまもない人。私自身、心ないことを言われて不愉快な思いをすることもあったので、次第に人前で話すのをやめてしまいました。

そうしたなか、小説家の遠藤周作さんは違いました。遠藤さんとの長きにわたるおつきあいについては、のちほど詳しくお話ししますが、私の臨死体験の話を聞いた遠藤さんは、こうおっしゃいました。

「これから僕の講演会のときには、シスター鈴木の体験した話をさせてもらうよ。死後の世界というものがあること、そこは至福に満たされた世界だと知ることができるなら、きっと死に直面して怖れ、苦しんでいる人たちの救いになるはずだから」

また、こんなこともありました。私が光の存在に包まれているときに聞こえた「癒してください、癒してください」という声。あの声の主は誰だったのか、私は長い間ずっと気になっていたのです。それが11年後、まったく思いもしない形で再会することができたのです。

私はそのころ、アメリカのスタンフォード大学で近代日本文学を教えていました。あるとき、エニアグラムという人間学の勉強会に参加すると、同じグループになった一人の女性に声をかけられました。彼女はオーストラリア人のシスターで、長く日本にいた経験があるといいます。

その声になつかしい思いがして、私は思わず尋ねました。

「10年くらい前、奈良の修道会で二階の階段からシスターが落ちたことを知っていますか？」

「忘れもしません、私は意識のない彼女が助かるように祈りを捧げていたのです」

やはり彼女が、あのときの声の主だったのです。なんという偶然。私には、近代心理学の巨人の一人であるユングが提唱したシンクロニシティ（意味のある偶然の一致）としか思えませんでした。

個人の意識を超えた集合的無意識の世界があり、そこでは人類のすべてがつながっているとするシンクロニシティの考え方に、私は臨死体験を重ね合わせ不思議な共通性を感じました。

その後、あるアメリカ人司祭の方にその話をすると、彼は言いました。

「ためらわず、これからはあなたが経験したことをお話ししなさい。そうしたことに関心があり、真剣に考えている人たちに話してもいい時期がきたのです。それは救いとなり、力になるでしょう。声の主と再会できたのは、その〝しるし〟です」

始まった死にゆく人との触れ合い

私は自分の臨死体験と、この不思議な力を、もっと多くの人のために使いたいと思いました。しかし、こんなこともありました。

あるとき、大学時代の親友に久しぶりに会ったので、私は彼女の体に手を当ててみたのです。すると、お腹のあたりに何か感じるものがありました。

「最近、お腹の調子が悪いことない?」

と聞くと、まったくそんなことはないと言います。ところがその夜、彼女はお腹に激痛が走り、救急車で病院に運ばれたというのです。

お見舞いに行くと、彼女が言いました。

「不思議ね……あなたにあんなことを言われたら、本当に病気になっちゃった」

私が病気を引き起こしたわけではありません。しかし、人の未来、それも病気についてわかってしまうこと、それを本人に伝えることがはたして正しいことなのかどうか。私は疑問を感じ、人の体を診ることをやめようと思いました。

するとﾞ、あるシスターからこんなことを言われました。

「世のなかには死の淵で苦しんでいる人がたくさんいます。あなたのその力でお役に立てるなら、それはとても大切なことでしょう。病院に行って寄り添い、あなたが手を当てて、患者さんたちを癒してさしあげるだけならいいのではないですか」

それ以来、私は各地の病院で治療の手立てもなく、死を迎えようとしている末期の患者さんのもとに通うようになりました。まるで導かれるように、死にゆく人たちとの大切な時間を過ごさせてもらうことになるのです。それは人間個人の意志を超えた自然の摂理のようにも感じています。


私は特別な人間でも聖人になったわけでもありません。光の存在との出会いのあとも、足りないところがたくさんある人間です。それでも、多くの人との出会いを通して支えられ、励まされて、私は生かされていることを感じます。

私は思うのです。あの臨死体験のとき、私の足元から最後まで落ちずに残っていた1枚の蓮の花びらの意味とは何だったのかと。

もしかしたら、あの最後の蓮の花びらが落ちていたら、私はこの世に戻って来なかったのかもしれません。そして、あの最後の花びらが、私がまだこの世でやらなければいけないもっとも大切な使命があることを伝えていたのではないかと。

光の存在からの愛を、私という人間を通して死にゆく人たちに伝えていくという使命のための〝許らい〟だったのではないかとも感じているのです。

私は以前、アメリカのある神学者の方から言われたことを忘れません。

「あなたが、何かを成し遂げるというような条件を満たしているから、あるいは、立派な行動をとるから尊いのではありません。弱くて、不完全な存在でも、神様が本当に愛してくださるから、あなたは尊いのです」

臨死体験者が語る世界

私はこれまで、さまざまな人とお会いしてきました。そうしたなかには、実際に臨死体験をした人もいます。ここでは、そうした人たちの不思議な体験談を紹介したいと思います。

友人とお酒を飲んでいるときに急性アルコール中毒で倒れ、救急病院に運ばれた、32歳

（当時）のある男性の話です。

体験談1　死の淵で感じた家族や友人への愛と安心感

「もう瞳孔が開いている」という救急隊員の声が聞こえました。一緒にいた友人たちが慌てて動揺している様子を、もう一人の私が見ていました。

人から見ると私は気を失っているどころか、もう瀕死の状態だったのでしょう。「血圧が下がった」とか「脈がなくなった」という救急隊員の声も聞こえました。でも私の意識はずっとはっきりとしていて、そうした様子はすべて見えていました。しかも、今までに感じたことがないほど気持ちいいのです。

友人たちに心からのなつかしさを感じていました。「俺は本当にいい仲間に恵まれたなぁ」と、しみじみ思っています。そして、「もう自分は死ぬんだ」とも思っているのです。子供が二人いるのに、まだ30歳を過ぎたばかりなのに、と思っているのですが、これが少しも悲しくないし、無念とも感じていないのです。

不思議なくらい淡々とした気持ちで、同時に大きな安心も感じているのです。家族に対する大きな慈しみと絶対的な信頼とでもいうのでしょうか、「俺が死んでも、みんなは大丈夫だ」という確信というのでしょうか。

苦しそうな自分の息遣いも聞こえます。でも、本当に気持ちがいいのです。

「あぁ、俺は死ぬんだ。でも、それはそれでいいんだ。自分の人生はこれでよかったんだ」

と心の底から納得しているのです。

そして、あたたかい気持ちがいっぱいになって、「これから、ずっとこの気持ちよさが続くんだ……死ぬってこんなにいいものなんだ……」と感じているのです。


結局、なぜか私は死ななかった。今でも、あのときのことをふと思い出すことがありますが、死ぬことは怖くありません。

でも、なんというか、死をとても身近に経験したからこそ、生きていることは、それだけですばらしいとも思うようになりました。人は生きているだけで、見えない何ものかに大きな恵みを与えられていると実感できるのです。


また、ある42歳（当時）の男性もこんな素敵な話をしてくれました。

体験談2　妻への限りない感謝の気持ちを味わい人生が大きく変わった

私には静脈瘤の持病があります。それが自宅にいたときに破裂して大量の血を吐いて倒れたのです。

自分の周りは血だらけでした。妻が必死に私に話しかけたり、電話で救急車を呼んでいるのがすべてわかりました。声や音も聞こえていましたね。

私は、「なぜ妻はあんなに焦っているのか、自分はこんなに気持ちいいのに」「この心地いい安心感は一体何なんだろう……大きな何かに身をゆだねているようだ」「このままずっと、この気持ちいい状態でいたい」と感じていました。

そして同時に、私のために必死になってくれている、こんなにも愛してくれている、ということがわかって、妻に対して今までにないほどの大きな愛情を感じました。

「本当に彼女と結婚できて自分は幸せだった。もう彼女のことは何も心配はいらない」と、心の中でつぶやいていました。

中学生の子供に対しては、「自分が死んでも、この子は大丈夫、心配ない」という絶対的な信頼感をもっていられました。

死の淵から生還して……大げさに聞こえるかもしれませんが、私の人生はまったく変わってしまいました。もちろん、いい方向に。

それまでの私は、お金を稼ぐことばかり考えて仕事をしていました。でも、あの体験をしてからは、人が一番大切、人を育てたいと思うようになりました。

人にやさしくなったというか、周りの人に愛おしい気持ちを感じるようになったのも大きな変化です。とはいっても、まったく偉そうなことは言えず、昔のままにだらしなくて、わがままな自分もそのままなんですが。

今は死に対する恐怖はまったくないです。それどころか、死ぬことが楽しみだと感じることもあります。なぜなら、わかりますよね、あの気持ちよさと幸福感。それに言葉にできないいなつかしさ。あれを、もう一度感じたい。

最近、思うのです。最後にあの世界に帰っていくことができるのであれば、それにふさわしい生き方をしなければいけないと。それには、今を精一杯に生きることが大切だと思うようにもなりました。

大学で私の講義をとっていた女子学生は、交通事故で意識をなくし、それまでの自分の人生を追体験するという不思議な経験をしました。

体験談3　自分の人生を経験し直して気づいた愛の大切さ

風がとても気持ちのいい夏の日でした。自転車に乗っていると突然、後ろから走ってきた自動車が衝突してきました。見えてはいなかったのですが、ものすごい衝撃だったので、「うわっ、ぶつけられた」と瞬間に思いました。そこで私の意識はなくなりました。

気がつくと、なぜか……私は、それまでの21年間の人生を経験し直していたのです。というよりも、生き直した、といったほうがいいかもしれません。

よく、死ぬ前に自分の人生を走馬灯のように見る、といわれますが、そういう感じです。自分の人生の各シーンを見ている、もう一人の私がいるのです。

コマ送りのように、あっという間に私の人生が流れ、それを私は生き直しています。でも、そのコマのなかにいる私は、そのときの時間を普通の長さとして、すべてをリアルに経験しています。

さらに不思議なのは、そのときなぜ自分がそういう行動をしたのか、どんな気持ちだったのか、そして周囲の人がどんな気持ちで私を見て、関わっているのか、そういうことが全部わかるのです。

たとえば私が5歳くらいのとき、妹の人形を床に投げつけて壊したことがありました。妹は泣いているのですが、彼女がどれほど悔しくて、悲しいのか、手に取るようにわかるのです。

「かわいそうに……」と私は冷静に思っています。そして同時に、「こんなにひどいことをして、ごめんね」と自分が悪かったことに気づいて、心から謝っているのです。

普通なら、自分がいけないことをしたときを思い出すなんて、嫌な気持ちがして自己嫌悪に陥ったりしますよね。でも、もう一人の自分が、そんな自分をやさしく受けとめているのです。

そうかと思うと、一方で私は、なぜそんなことをしたのかを冷静に考えています。「母が妹ばかり可愛がるから、私は怒ったんだ」と、その怒りの感情を再体験しながら、もう一人の自分がその光景を淡々と客観的に眺めています。

そうして、瞬時に次の場面に移動していきながら、さまざまな自分の人生のシーンを再体験していきました。同時に、それぞれの場面で自分や関わった人たちの感情を十分に味わっています。

当時は、わからなかった相手の気持ちや、気づかなかった自分の思い、なぜそういう状況になったのかなどを鮮やかに理解できて、納得している自分がいるのです。

そんななかでも、いちばん強く印象に残っているのは、私は誰にも裁かれていないことでした。

悪いことをすると、地獄で閻魔大王に舌を抜かれるなんて話を子供のころに聞いたことがあると思いますが、私が人生を猛スピードで再体験している間、たとえ自分に非があったような場面でも、誰もいいか悪いかの判断をしないのです。

その代わりに、こう問われるのです。

「あなたが、それをした動機は愛からでしたか?」と。

そして、愛が足りなかったと感じたときは、私は自分を責めるのではなく、心から「私が悪かった、ごめんなさい」と素直に感じているのです。

意識が戻ったとき、私は病院にいました。事故から3時間後くらいだったようです。まったく怖いとは感じませんでした。それよりも、「わかった」という納得感と心地いい脱力感に包まれていました。

何がわかったのかというと、すべては愛だということです。人生で大切なのは成功したとか、お金を儲けたとか、人から認められたとかいうことではなく、自分がどれだけ愛から行なったか、愛をもって生きたのかであり、それがすべてなのです。

臨死体験には共通する特徴がある

惜しまれつつ、2011（平成23）年に亡くなった落語家の立川談志さん。生前、ホリスティック医学の帯津良一先生との対談で、「死後の世界はあると思うか？」という質問に、こう応えたといいます。

「そうよなぁ……誰も帰《けえ》ってきた奴はいねえからなぁ……よほど、いいところなんだろう」

人間というものの裏表の在りよう見つめ、落語という芸に昇華させてきた立川談志さんのエスプリの効いた回答です。私は、とても感心しました。

死んだらどうなるのか、魂はあるのか、死後の世界は存在するのか……これらは人間の最大のテーマのひとつでしょう。

たしかに、死後の世界がどんなところなのかは、死んでみなければわかりません。しかし、ご紹介した臨死体験者たちのお話や、私の経験からも〝そこは、とてもいいところ〟、ということになります。

また、とても興味深いのは、人種や文化、世代などが違っても、臨死体験には共通するパターンや特徴があるということです。

『LIFE AFTER LIFE』のなかで、著者のレイモンド・ムーディは、臨死体験の特徴として次のことをあげています。

・奇妙な音を聴く
・表現のしようのないやすらぎと無痛感
・体外離脱体験
・暗いトンネルを通っていく体験
・天に上っていく体験
・しばしば亡くなっている家族や親類に出会う
・神のような精神的な存在や光の存在との遭遇

・生涯の回想
・肉体への回帰

ここで、もっとも重要なことの一つは、多くの臨死体験者が人知を超えた存在に出会っていることです。

古来から、神、大いなる存在、創造主、サムシンググレート、光の存在など、世界中でさまざまな人が、さまざまに呼んでいる、この存在とはいったいどういうものなのでしょうか。

小さな自分という尊い存在

神や仏など信じないという人でも、自分や家族が死に直面したときは「助けてください」と祈るでしょう。また、交通事故にあいそうになったが九死に一生を得た、重大な病気でないことがわかったなどの経験をしたとき、人はありがたさを感じて感謝しますが、ではいったい、誰に感謝しているのでしょうか。

目に見えない、人知を超えた大いなる存在を説明するときに、私はよく、こんな譬え話をします。

自分の手を開いて見ると、5本の指と手のひらがあります。

指はそれぞれ曲げたり、伸ばしたり、何かものをつかんだり、離したり、別々の動きをしたり、いっしょに同じ動きをしたりします。

それに比べて、手のひらは指ほどには動きません。でも、よく見てください。すべての指は手のひらにつながって、さらには腕につながっています。そして、腕は胴体につながり、体のすべての部分は一つにつながっています。

指だけを見ると、それぞれの指が自由に自分の意思で動いているようにも見えます。でも、手のひらや腕がなければ、目には見えない神経がつながって神経伝達物質が通っていなければ、指は動きません。

また、5本の指はそれぞれが個性をもって独立した動きができますが、それぞれが勝手にバラバラな動きだけをしたら、どうなるでしょうか。ものをつかむことも、人と手を握り合うこともできません。

それぞれの指が異なる役割を果たしながら、ときに力を合わせて動くことでわれわれ人間の手は、さまざまな動きをすることが可能になるのです。

指は指だけで動くことはできず、動くための力のもとを体からもらっているから動かすことができます。

これは、人間と大いなる存在との関係と同じです。人間は一人では生きられません。自分もほかの人も、すべてが一つとなり、大いなる存在につながり、生かされているのです。

大自然の圧倒的な雄大さや美しさに触れたとき、心の底から感動を覚えることがあります。道端に咲く小さな花を見て愛おしいと感じたり、ふと見上げた空に輝く星々や雨上がりの空にかかる虹などを見て、しみじみ美しいと感じることがあります。

山や川、海、鉱石など自然界のものは人間が創ったものではありません。たとえば、自然の営みを考えてみてください。

雨が降り、この世界に潤いがもたらされます。水は至るところに流れていき、土を濡らし、草木を潤します。道端に生えている草の葉っぱの上にも、何気なく歩いている道の水たまりにも生命の源である水が存在しています。

そして、その水はやがて蒸発して天に昇っていき、空で雲になり、また雨となって地上に降り注ぎます。水の循環は命の循環そのものであり、人間もまたその大いなる循環のなかで生かされています。そうした生命のつながりを思うとき、私は大いなる存在を感じずにはいられません。

たとえ離れていても、いつも親が子のことを思っているように、大いなる存在はいつでも一人ひとりの人間を見守っています。大いなる存在に生かされていることに気づくとき、感謝の気持ちが自然に湧いてきます。

私は、よくこんな光景を思い浮かべます。

それは、春の瀬戸内海。寒くもなく、暑くもない、春の心地よい日。

穏やかな潮風が頬をなで、やさしい太陽が海を照らしています。穏やかな海には、太陽に照らされた小さな波がキラキラと無数に輝いています。

この光り輝く波の一つひとつが、私たち一人ひとりの人間です。すべては母なる海の一部として存在し、大きな波に打ち消されては、また生まれて、太陽に照らされ輝きます。

すべての人はつながっている。目に見えない世界と、目に見える世界はつながっている。

本当は誰もが孤独ではない。一人で生きていける人はいない、誰もが誰かとつながり、そして大いなる存在とつながり、生かされている。私はそう思うのです。

第2章

「聖なるあきらめ」をもって死を受け入れる

あきらめることで人は救われる

お釈迦様にまつわる話で、こんな説話が残っています。

今から2500年ほど前、インドのシュラーヴァスティーという街にキサーゴータミーという名の女性がいました。

彼女は貧しい家に生まれ、とても痩せていたので、パーリ語で「痩せた」を意味する「キサー」と呼ばれていました。貧しさゆえ、親兄弟はすべて亡くなり独りぼっちになりましたが、その後、金持ちの長者を助けたことで、その息子と結婚して豊かになり、子供にも恵まれました。

しかし、その幸せは長くは続きませんでした。今度は夫が亡くなり、一人息子が瀕死の病気になってしまったのです。

あるとき、キサーゴータミーは幼い我が子を腕に抱き、「この子を助けてください、薬をください」と半狂乱になりながら街ゆく人に声をかけて回っていました。よく見ると、彼女の腕の中の男の子はすでに死んでいて、腐臭を放ち始めていました。

見かねた人が、お釈迦様のことを教えてくれました。そこで彼女はお釈迦様に会いに行き、「薬をください」と助けを求めました。

お釈迦様は言いました。

「ケシの実をひとつかみもらってきなさい。そうすれば、その子を助ける薬をつくることができる。ただし、今まで一人も死者が出たことのない家からもらってくるのです」

キサーゴータミーは必死に家々をまわりました。しかし、ケシの実はあっても、今まで死者の出ていない家などありませんでした。

途方に暮れた彼女はしかし、ある気づきを得ます。

——これまでに死者が出たことのない家などない。死は誰にでもやってくる。家族を亡くしたことのない人などいない。誰もが悲しみを背負って生きている。自分だけが悲しい思いをしているわけではないのだ。私は子供の死を受け入れることができず、執着していたのだ——

大きな悟りを得たキサーゴータミーは、その後、お釈迦様の弟子になり、自分自身の人生を歩み始めたのでした。

死というものが「明らかに」なり、当たり前のことに気づくことで、彼女は救われたのです。

お釈迦様が、人にとって避けることができない死というものを通して彼女に伝えたかったのは何だったのでしょうか。

それは、この世は無常の世であればこそ死があり、また苦しみや悲しみも永遠ではないこと、死を超えていく先に人としての道があること、そして人と人との深い縁と絆の大切さだったのだと思います。

なんとかなること、どうにもならないこと

私たちは「あきらめること」を、どこかで悪いことのように思っているのではないでしょうか。マイナスなイメージでとらえてしまっている人も多いと思います。

「あきらめたらダメだ」「がんばれば夢はかなう」などと言われ続け、思い続け、一生懸命がんばってきた人も多いと思います。

もちろん、がんばって努力するのは、とても尊く、大切なことです。しかし、がんばることが次第に執着に変わり、ときに自分を苦しめることがあります。

生きていると、自分の力でなんとかなるのと、自分の力ではどうにもならないことの両方が起きてきます。

あきらめが肝心というように、あきらめることが大切なときがあり、あきらめることで救われる場合も人生にはあります。

たとえば、死もそうでしょう。

大切な人を失うのは誰でも悲しいことです。死をあきらめきれず、受け入れられず、執着してしまうのは人として当然だと思います。しかし、執着しすぎれば自分を苦しめるだけでなく、死にゆく人をも苦しめてしまうことになりかねません。

私は、人が幸せに生きていくために必要なことのひとつとして、あきらめることが大切だと考えています。それを、親しみを込めて「聖なるあきらめ」と呼んでいます。

私が臨死体験のときに光の存在から伝えられた大切なことのひとつである「知ること」には、この「聖なるあきらめ」も含まれていると考えています。

先にもお話ししたように、「あきらめる」という言葉には、断念する、放りだすという意味のほかに、もうひとつ「明らかにする」という意味があります。

これは仏教の世界で悟りに至るためのひとつの道として説かれます。物事の本質、意味を明らかにして、真理に達するという意味で用いられるものです。

「聖なるあきらめ」をもって、死の本当の意味を明らかにすることで、人は執着を手放し、人間の力ではどうすることもできない死というものを徐々に受け入れていくことができます。

執着を手放し、死を受け入れることができれば、死にゆく人を幸せに送り出すことができます。そして、残された人も自分自身を癒やしていくことができるのです。

何のために死を「明らめる」のか

しかし、私たちは現実のなかで生きていながら、じつは現実を見て、受け止めることがとても苦手です。

現実を見たくない、受け入れたくないという思いで心がいっぱいになってしまうと、人はまるで目隠しをされたように現実が見えなくなり、正しい判断ができなくなってしまうものです。

また、愛する人に死んでほしくないという思いや執着が死への恐怖を生みだし、さらに増幅させてしまい、自分をがんじがらめに縛りつけてしまうこともあります。

現実をしっかり見て、受け止めることは人間にとっての最大のテーマのひとつでもあり、大きな訓練が必要です。

では、どうすれば大切な人の死を「聖なるあきらめ」をもってあきらめ、受け入れることができるようになるのでしょうか。

そこで、もっとも大切なのは、何のためにあきらめるのかを「明らめる」ことです。それが明らかになれば、自分が何をするべきかがわかるようになっていきます。

大切な人の死を明らめるということは、死にゆく人が何を思い、何を願っているのかを明らかにして、受け止めるということです。

残される人が自分の感情だけに囚われず、大切な人の本当の思い、願いを知り、受け止めることができれば、死にゆく人は残していく人たちへの心配や後悔などを手放して、幸せに包まれながら旅立つことができるのです。それが死にゆく人たちの最後の願いです。

そして、見送る人は死の本当の意味を知り、死にゆく大切な人から大きな愛にあふれたメッセージを受け取ることができるのです。

あきらめることは、けっして逃げることではありません。明らめるには勇気と覚悟が必要です。

明らめることで、当たり前と思っていたことが、いかにありがたいことなのかに気づくことができます。明らめることで、人はやさしくなれます。そして、「聖なるあきらめ」を得た人は本当の愛に気づき、心にやすらぎが訪れるのです。

突然だった最愛の息子の死

息子さんの突然の死を経験したご夫婦のお話です。

ある講演会でのスピーチが終わり、ほっと一息をついていたときのことでした。50代中頃の一人の男性が私のところにいらっしゃいました。

「今日は先生にお会いしたくて講演会にうかがいました。少しお時間よろしいでしょうか？」

私の本を読んで、会いに来てくださったのだと言います。人生で何か大きな経験をした人がもつ深い静けさが印象的でした。

私は、この人の話は時間を取って聞かなければいけないと感じ、控室にお通ししました。

そこでお聞きしたのは次のようなお話でした。


私には高校生の一人息子がいました。結婚してから10年ほどして、ほとんどあきらめていたときに、ようやく授かった子でしたから、とりわけかわいく思っていました。

とても素直に育ち、やさしい子でした。学校の成績は優秀で、「将来は有望だ」とみなさんが言ってくれていました。「大学を卒業したら、僕も父さんのように商社で働きたいんだ」と言った彼の顔はとても凛々しく、私は誇りに思いました。私には、できすぎなくらいの自慢の息子でした。

そんな息子が突然、逝ってしまいました。交通事故で命を奪われたのです。

連絡が来たとき、なぜかはわかりませんが嫌な予感がしました。電話に出ると、錯乱する妻がすぐに病院に来てくれと。

仕事を放り出してタクシーに飛び乗り、病院に駆けつけました。途中のことは、ほとんど思い返せません。「とにかく……とにかく、なんとか無事でいてくれ」と、それだけを祈っていました。

緊急処置室に横たわる息子は体じゅうにチューブがつなげられていました。そばにいた妻と目が合いましたが、その目が何を言おうとしているのか、わかってしまいました。その瞬間、全身の血が引いて、地面がグラリと揺れた気がしました。私は何も言えず、その場に立ちつくしてしまいました。

医師は、もう手の施しようがないと言いました。「なんで……うそだろ……」、私はそれだけを心のなかで何度も繰り返していました。

息子は私が来るのを待っていたのだと思います。しばらくすると、息を引き取りました。目も開けてくれませんでした。何も話すことができませんでした。うそみたいに、そのまま逝ってしまいました。

死因は内臓破裂でした。きれいな顔をしていました。

妻は、「私が悪いの……ごめんなさい、私のせいで……」と繰り返し言いながら泣き崩れていましたが、私は泣くことができませんでした。

息子の頬を触ると、まだあたたかくて、とても死んだなんて思えません。いつものように朝には元気に出かけたのにと思うと、なぜだか妙に冷静に、「まるで夢を見ているようだというのは、こういうことなのか……」と感じていました。

しかし、本当の地獄を味わうのは、しばらくたってからでした。

息子の死から壊れ始めた夫婦の関係

その夜、妻から聞いた事故の状況は次のようなものでした。

いつも、夕方の5時くらいに息子は夕飯を食べてから塾に行っていました。この日は妻が高校のクラス会に出かけていたため帰宅が遅くなり、妻の帰りを待っていた息子は急いで夕飯を食べ、あわてて家を出たそうです。

心配になった妻は、息子を追いかけるように家の前の通りに出ました。そのときに事故は起きました。

息子が道路を渡りかけたとき、突然、右側から猛スピードで走ってきたトラックが息子に衝突し、跳ね上げられた息子の体は宙を舞って、そのあと、アスファルトに叩きつけられたのでした。

妻はその一部始終を見ていました。今にして思うと、彼女にもかわいそうな経験をさせたなと思います。しかし、事故当時は、そんなことも考えられませんでした。


葬儀までの数日間は、あまり心は動きませんでした。私は何を、どうしていたのかも、よく思い出せないのです。ただ、息子のためにしっかり葬儀をしてあげなければいけません。その準備などに追われて、あわただしく過ごした記憶だけがあります。

葬儀の間も、私にはまだ息子が死んだという実感がありませんでした。遺影で微笑む息子の顔を見ながら、「なぜ、こんなことになってしまったんだ」「俺が何か悪いことをしたのか」「息子は罰を受けなければいけないような人間だったのか」と、ひたすら問い続けていました。

しかし、骨壷に入った息子を抱いたとき、「本当に息子は死んだのだ。これは夢ではない、現実なのだ」と感じました。すると、これまでにない激しい怒りが体中にこみ上げてきました。

加害者への怒りはもちろんですが、次第に、妻への怒りが抑えられなくなってきたのです。あの日以来、妻はただ泣きながら、「すみません……私のせいで、あの子は死んだの」「私が悪いの……私も死にたい……」と繰り返すばかりで、それがいっそう、私の怒りに火をつけていきました。

「お前が、ちゃんと早く帰って来ていれば……」

「うるさい、泣いてばかりで目障りだ」

「おまえが泣いても、あいつは帰ってこない。いいかげんにしろ」

私はそんな言葉を妻に浴びせ続けました。怒りだけでなく、憎しみも増幅していきました。自分の感情をどうすることもできない状態でした。

私たちは、お互いに息子の死を受け入れることができなかったのです。妻は自分を責めて泣き暮らし、私は妻に怒りの矛先を向けて罵倒する。今思えば、何と愚かなことをと思います。

しかし当時は、そうでもしないと、毎日を生きていけなかった。冷え切った関係でいるよりも、怒りの感情を妻にぶつけ、冷たい仕打ちを続けることに逃げ込んでいるしかなかった。現実を受け入れるよりも、そのほうがまだましに思えたのです。

本心では、そんなことはしたくなかったのです。自分のことが心底、嫌になることもたびたびでした。でも、怒りや憎しみが生きる糧になっていた。妻は自分を責めて、私から責められて、泣き続けることで、なんとか自分を保っていた。

いつのまにか私たち夫婦は、そうした歪んだ、悲しい夫婦関係から抜け出すことができなくなっていたのです。

死んだ息子との再会

そんな状態が3年ほど続きました。私は家に帰るのが嫌でした。妻と二人の時間は苦痛でした。

かといって、外で酒を飲んだからといって何も癒されません。仕事への意欲もなくなり、出口の見えない毎日を過ごしていました。

あるとき、仕事の帰りに書店に立ち寄りました。特に目的もなく、並べられた本を眺めていると、１冊の本が目に留まりました。それが鈴木先生の『死にゆく者からの言葉』という本でした。

私は思わず手に取り、レジに向かっていました。何も言わずに突然、逝ってしまった息子。もっと話がしたかった。せめて最期に彼の言葉が聞きたかった。私は、この本のなかに何かの救いがあるような気がしていました。

家に帰ると夢中で読み進めました。ページをめくるたびに、心の氷が溶けていくような感じがしました。

世のなかには、いろいろな人がいる。それぞれが悲しみを抱えて生きている。大切な人との別れを経験して、それでもみんな生きている。

そんな当たり前のことに、あらためて気づかされました。そして、死んでゆく人がどんなことを思っているのか、少しわかった気がしました。

どのくらいの時間がたったのか。私はふと、誰かが肩に触れた気がして後ろを振り返りました。すると、少し離れたところに、死んだはずの息子が立っていました。

「父さん、僕を見て。僕は今、こんなにきれいな光に包まれて、とても幸せなんだよ」

白と金色が混ざり合ったような美しい光に包まれた息子は、やさしい瞳のまま私を見つめていました。そして、こう言いました。

「父さん……僕が死んでから、父さんはどんな生き方をしてきた？　母さんとは、どんなふうに過ごしてきたの？　母さんは自分を責めて、傷つけて、父さんは母さんを責めて、傷つけて、自分のことも傷つけてきたでしょ。

でもね、誰も責めなくていいんだよ。僕があのとき、あんなふうに死んだのは決められていたこと。運命だったんだよ。だから何もつらくない。

すべてのことには意味がある。でも、いいか悪いかではないんだよ。それを決めているのは自分だよ。だから父さん、誰も責めたりしないで。悲しまないで。

これから僕は、父さんと母さんのために光を送り続けるから。僕は今、幸せだよ。父さん、ありがとう……」

息子を包んでいる光が私を包み込み、部屋中がやさしい光に満たされました。

気づくと、息子の姿は消えていました。東の空が白み始め、鳥の声が聴こえます。

私は深くイスに座り、天井を見上げました。涙が止めどなく流れ、抑えることができませんでした。

私はしばらくの間、息子との再会の余韻をかみしめていました。少し会わないうちに、何だかとても大人びて、成長したなと感じました。

私は息子が死んでからというもの、これまで泣けていなかったのです。本当の感情を出してしまうと自分が壊れてしまいそうで、心を閉ざしていたのでしょう。

息子がどんな気持ちだったのか、ずっと知りたかった。それがようやく、わかりました。いろいろなことを息子が教えてくれたのです。

夢だったのか、幻覚だったのか、それとも本当にあの子の魂が会いに来てくれたのか、わかりません。でも、私は息子に会えた。あれほど会いたかった息子に会えた。それがすべてでした。

息子が教えてくれたことの意味

それから私の人生は大きく変わりました。

妻には息子が会いに来てくれたことを話し、これまでのことを詫びました。その後、私も妻も変わっていったことで、元の夫婦関係に戻ることができました。というより、以前よりもお互いに深く理解できるようになり、相手をいたわり、慈しみ、苦労もわかり合える本当の夫婦になれた気がします。

仕事へのやる気と誇りも取り戻すことができました。息子に恥ずかしい姿は見せられませんから。

ただ、以前のような数字優先、地位やお金を得ることが仕事のすべて、などとは思わなくなりました。息子が生きていたら、いい大学を出て、一流の会社に勤めたらそれが成功の証だなどと、つまらない価値観に浸かったままだったでしょう。でも、そんな人生は虚しい。すべては息子が教えてくれたことだと思っています。

これから私は、息子の死の意味を、そして人が生きる意味を考え続けていこうと思っています。究極それは、自分はどう生きて、どのような死を迎えたいのかということだと思うのです。

どんなに叫んでも息子は帰ってきません。息子の死は私たち夫婦のなかで一生消えることはないでしょう。

でも、息子の存在もけっして消えません。なぜなら、私たちはいつもいっしょにいるから。あの子は私たちのなかで永遠に生き続けているのですから。

突然の事故などで大切な人を亡くした場合、その死を受け入れるのは簡単なことではありません。「聖なるあきらめ」ができるには長い時間がかかる場合があります。

このお話のご夫婦もまた、息子さんの死を簡単にあきらめることができず、苦しい日々を送られました。しかし、数年後に夢なのか何なのか、息子さんと再会することができ、息子さんの思いを聞くことができたことで心の氷が溶け、生まれ変わったように人生が変化していきました。

ただ、生まれ変わったといっても、まったく別の人間になったわけではありません。もともと、その人がもっていたあたたかなものに光が当たり、新たな命が吹き込まれて動き始めたのです。

大切な人の死は悲しく、つらいことだけを置いていくのではなく、さまざまなことを私たちに教えてくれます。私自身、この男性のお話を聞いて、この息子さんからも大切なことを教えてもらった気がしています。

「愛し愛される」ことを望むのが人間の本質

以前、アメリカの友人、シスターアリスが主催していた「癒しの会」のお手伝いをしたことがありました。これは、さまざまな理由から子供を殺された親たちを癒すためのものでした。

きっかけは、シスターアリスがまだ若い28歳のころ、小学校の教師をしていたときに起きた事件でした。受けもっていた1年生のなかの、ある女の子が誘拐され、1週間後に絞殺遺体で発見されたのです。

少女の母親は当時、まだ24歳のシングルマザーでした。そこでシスターアリスは、学校に行く前にこの母親のところに立ち寄り、彼女と当時生後3カ月の男の子に朝ごはんを食べさせ、学校が終わるとまた立ち寄るというサポートを続けました。

そのうち、この母親と同じように何の罪もない子供を殺され、つらい経験をしている人がたくさんいることを知ります。そうした人たちのために何かできることはないかと考え、始めたのがこの「癒しの会」でした。

人はつらいとき、自分だけがこんなに苦しいめにあっていると思ってしまいます。しかし、そう思っているうちは自分の世界に閉じこもってしまい、冷静な判断ができず、自分はかわいそうな人間だと思い、人を恨み、憎むといった悪循環のスパイラルに陥ってしまいがちです。

そうしたとき、苦しんでいるのは自分だけではない、同じような悲しみや苦しみを味わっている人がいるということを知り、心を開いていくと、少しずつ人とのつながりが回復されて、救われていくのです。

「癒しの会」では、参加者は輪になって座ります。そして一人ずつ、自分のなかにあるマイナスの感情、たとえば憎しみや怒り、恨み、悲しみ、絶望などを話していきます。一人が話している間、ほかの参加者は自分のことは忘れ、話している人になったように共感しながら、じっと、ただ話を聞き続けます。

一人の悲しみ、苦しみの叫びは、ほかの全員の叫びでもあります。思いを共有していきながら、参加者たちはマイナスの否定的な感情を少しずつ手放していくのです。

幼い4歳の娘を麻薬中毒者に殺された夫婦は、お互いを責め続け、罵り合い、最悪の夫婦関係になっていました。

16歳の息子を車から降りてきた見知らぬ男に、いきなり殴り殺された父親は号泣しながら、次のように話しました。

「あの男を絶対に許しません……自分が子供のころから父親に殴られ、虐待され続けてきたから、同じような苦しみをほかの人間に味わせただけだと言いました。あいつが憎くてたまらないのは、私のなかにあいつと同じ考えがあるからです。あいつが息子にしたのと同じように殴り殺してやりたいのです……」

17歳の息子を同級生に刺殺された女性は、「あなたは昔から、いつも私が悪い、ダメだと言い続けてきた。私がいい子のときだけかわいがった。息子が殺されたことで、あなたが私にしてきたことが暴き出されたのよ」と、長年にわたって積み重なった母親への憎しみと怒りをぶつけていました。

30年ほど前に19歳だった息子を殺された年配の女性は、絶望の色を顔ににじませ、こう言いました。

「あの日以来、私には親しい友人ができません。幸せそうな家族を見ると、私のなかに嫉妬の気持ちが湧きあがります。自分の子供のことをうれしそうに話す人がいると、なぜあの人だけが……と恨んでしまい、私のように不幸にしてやりたいと思ってしまうのです。息子の命を奪った男は、私の人生も奪ったのです」

また、ある女性は、いつまでも自分を責め続ける苦しみを語りました。子供を殺されるような自分には生きる資格がない。子供の分まで人生を楽しみたいと思うのに、心はいつも逆のほうにいってしまう、と告白しました。

シスターアリスは言います。

「悲しみは癒されていくけれど、人間にとってもっともむずかしいのは〝許す〟こと。たとえ頭ではわかっていても、体が拒絶してしまう」

誰もが幸せに生きたいと願っています。自分も幸せになり、人も幸せになることを、愛し愛されることを望むのが人間の本質であり、根源的な欲求だと思うのです。

それなのに現実には反対のほうに進んでしまうことが多くあります。「調和と愛による一致」が本来あるべき姿なのに、人間は一つになることをせずに争い、ひたすら分裂を繰り返しています。そして、そうした状況の多くをつくり出しているのは、ほかならぬ人間自身です。

なぜ、罪もない子供たちが殺されなければいけないのか。なぜ、生きることには苦しみがあるのか。「なぜ」を繰り返せば繰り返すほどきりがなくなり、「なぜ」は終わることなく、どこまでも果てしなく続いていきます。

もし、あのとき、あんなことをしていなければ、子供は死なずにすんだかもしれない。もし、私がいっしょにいれば子供は殺されなかったかもしれない、と「もし」を繰り返して考えることは、自分の傷口をさらに広げ、深くえぐることになってしまいます。

それでも、「なぜ」と問わずにいられない、「もし」と考えずにいられない。それが人間というものの性であり業であり、そうしたすべてを抱えながら生きていくのが人間です。

そのときこそ、「聖なるあきらめ」が私たちを、やすらぎの世界に導いてくれるのだと私は確信しています。

「許すこと」

それから5年後、私は再びカリフォルニアのシスターアリスのもとを訪ねました。

いつものように彼女は私をあたたかく迎えてくれました。そして、あいさつもそこそこに私の手を握りしめ、「奇跡が起こったのよ、本当なのよ！」と興奮して言いました。そうした大袈裟な言葉はあまり使うような人ではないので、私は驚いて「どういうこと？」と聞きました。

「これから癒しの会に行くから、ごいっしょしませんか？　話は車の中で」

私は取るものもとりあえず、彼女の車の助手席に乗り込みました。

シスターアリスの話は次のようなことでした。

これまで「癒しの会」でもっともむずかしかったのは「許すこと」でした。それが最近になって、参加者たちが自らすすんで、互いに助け合って「許すこと」を実行し始めたというのです。

これまでもシスターアリスはよく、「分裂から愛と調和による一致の世界に至るには、許すことが架け橋になる」と話していました。いったい何が起きたのか、私は知りたくなりました。

会場に着くと、30人ほどの参加者が集まっていました。セッションが始まると、多くの参加者たちが読んで、とても癒され、救われたと口々に言っていた本がありました。

それは、あるネイティブ・アメリカンの女性が外科手術の間に死んで、生き返ったという臨死体験をまとめたもので、当時、全米で60週間NO.1を記録し、世界中でベストセラーとなっていたものでした。

たとえば、「癒しの会」に参加した、12歳の長男を通りがかりの男に銃で殺された女性は、どんなに恨んでも、悲しんでも、仕返しをしても、けっして息子は帰ってこないと「聖なるあきらめ」をもって理解するのに2年以上の時間が必要だった、と語りました。

そして、この本を読んだことで気持ちの持ち方を変えることができたと言いました。苦しみの意味を理解し、許す力を与えてもらった。生きる根源は愛につきることがよくわかり、生きていることの大切さや、この世での自分の使命があることがわかった。息子を失った苦しみが自分を成長させてくれた、と言うのです。


帰国後、不思議なことに私はこの本の翻訳を依頼されました。それが邦題『死んで私が体験したこと――主の光に抱かれた至福の四時間』（同朋舎出版）という本です。私は、ここでもシンクロニシティ＝意味のある偶然の一致が起きていることを感じました。

臨死体験者のほとんどは、もっとも大切な記憶や光の存在から伝えられたメッセージをもってこの世に戻ってきます。しかし、細かいことはセキュリティがかけられたように記憶のどこかにしまい込まれて思い出せない、あるいは覚えていないのが通常です。

ところが、著者であるベティー・イーディーは「あの世」のことをとても細かく、詳しく覚えていて、それまで誰も語ったことがない話を書いていました。

私がとても共感したのは次のようなことです。

・私たちの人生は成長のために与えられている
・この世での体験のすべてが、前向きで有益なものとされる
・この世で味わう苦痛や悲しみは自分の成長のために与えられる
・自分に起きるすべてことに意味があり、無駄なことはない
・人生での苦しみは自分が成長するために前もって魂が選んできた
・人は魂の成長のために、あえてつらく苦しい体験を選ぶこともある
・自分の死によって他者を救う道を選ぶ魂もある
・一見、何の脈絡もないような出来事も導かれて体験する

・人にはそれぞれ人生の目的と役割がある
・人生をあるがままに受け入れると悪影響から抜け出すことができる

すべてのことに意味がある

ベティー・イーディーは言います。

「道に飛び出して、酔っ払い運転の車にひかれて死ぬことを選んだ人がいたとします。そんなひどい話があるかという気もするのですが、神の純粋な知識のなかでは、ひかれて死んだ人の霊は、自分が、いずれ起こるはずだった悲惨な事故からその運転手を救ってあげたとわかっているのです。

人をひいた運転手はその1週間後にまた酔っ払って、十代の若者の群をはねて、無用の痛みや苦しみを生み出してしまうかもしれなかったのです。でも、この運転手はそうならずにすみました。人をひいた罪で刑務所に入っていたからです。

ひかれた人はこの世での自分の目的をこれで遂げることができました。永遠の観点から見れば、若者たちは無用な苦しみを免れ、運転手は成長を体験する出発点につかされたことになります。この世で、一見なんの脈絡もなさそうな体験をするようなときでも、きちんと導かれていくからです」

さまざまな人の生と死を見てくると、人生には自分の力ではどうすることもできないことがあり、誰にも死は避けられないものであり、それらはすべてその人の成長のためにあることを実感します。

病気や事故、痛ましい事件など、人が亡くなるときにはさまざまな形があります。自分はどのような最期を迎えるのか知ることはできませんし、人と比べてどの死がよくて、どの死が悪いなどという優劣もありません。

人は悪いことをしたから、その罰として死ぬわけではなく、運が悪かったから亡くなるわけでもありません。大病から生還する人がいれば、大事故から奇跡的に助かる人もいます。その一方で、ほんの些細なことで亡くなってしまう人もいます。

人は病気や事故で亡くなるのではなく、寿命が尽きたから亡くなるのでしょう。この世での自分の使命が完了したとき、その人の寿命が終わるのだと思います。

この世の尺度で見れば命の長短の違いはありますが、誰にでも死はやってきます。このことを考えれば、人間は誰もが平等だといえるのでしょう。

そうであるならば、「聖なるあきらめ」をもって自分や大切な人の運命をあるがままに受け入れることができれば、人はもっと幸せに生きることができるはずです。「聖なるあきらめ」をもって生きることで、人は自分の人生をまっとうすることができるのだと思うのです。

自分の人生で起こることは、楽しいことも悲しいことも、すべて意味があって起こっています。そして、つらく苦しい経験の先に、すばらしいよろこびとやすらぎが待っていることを知るとき、神の愛はさりげない日常の出来事を通して働かれ、人々の心を変えていくことを実感できるのです。

第3章

死にゆく人との「仲よし時間」を大切にする

遠藤周作さんと順子夫人が紡いだ夫婦の絆

壮絶な闘病生活の末、最期にすばらしい夫婦の絆を紡がれた、小説家の遠藤周作さんと順子夫人のお話をしましょう。

遠藤周作さんは、小説『海と毒薬』や『沈黙』、『深い河』、『侍』など数々の名作を世に送り出した、昭和を代表する小説家の一人です。

その作品の多くは映画化もされています。近年では、2016（平成28）年にアメリカ映画として『沈黙―サイレンス―』（邦題）が制作・公開されています。また、シンガーソングライターの宇多田ヒカルさんが『深い河』にインスパイアーされて曲をお書きになったそうで、ご存知の方も多いのではないでしょうか。

しかし、華々しい活躍や評価が光の面だとすれば、その反対に闇の部分も濃く、深くなることがあります。遠藤さんの人生の大半は病との闘いだったと言っても過言ではありませんでした。

10代後半に患った肺結核に始まり、肋膜炎、肝臓病、糖尿病、高血圧、蓄膿症、前立腺炎、腎臓病、脳出血、院内感染や薬害など、次々に病魔が遠藤さんを襲いました。そして、その闘病生活を支えたのは順子夫人の献身的で並々ならぬ看護でした。

遠藤さん自身がクリスチャンであったこと、私が近代日本文学の研究者であることなどからご縁をいただき、30数年にわたって親しくお付き合いをさせていただきました。病状が進み、親しい友人もお会いできなくなってからも、そして最期のときにも、私はご家族といっしょに病室に入れていただいたのでした。

亡くなる前の3年半の間、遠藤さんは入退院を繰り返し、最後の1年間ほどは、あまり口もきけない状態でした。

腎臓が悪かったため、自宅でも人工透析をしており、順子夫人は夜中も二時間おきに透析を続け、ほとんど睡眠が取れないような状態でした。

また、遠藤さんを苦しめたのは薬害からくる全身のひどいかゆみでした。痛みはもちろんですが、かゆみも耐えがたいものです。「かゆい、かゆい……」と病室で言い続けていた苦しそうな様子を、私は忘れることができません。

幾度となく危篤状態に陥りましたが、そのたびに遠藤さんの生命力に火を灯し続けたのは創作への思いと、順子夫人の愛の力だったと思います。

しかし、懸命な看護も及ばず、１９９６（平成8）年9月29日、ついに遠藤さんは旅立たれました。

「遠藤が危篤になりましたので、すぐに来てください」

その前日、私は順子夫人から連絡をいただき、夕方に、入院先の慶応病院に向かいました。

病室に入ると、ベッドに横たわる遠藤さんの体から何本もの管が延び、さまざまな医療器械につながれていました。器械が動くすさまじい音が病室に鳴り響いていました。私は茫然として立ちつくしてしまったことを覚えています。

しかし、そうした現実とは真逆に、病室には穏やかで爽やかな気が満ちていました。どんなときでも前向きな順子夫人の思い、明るさも大きく影響していたと思います。遠藤さんが目を開けると見える場所には、お母さまの写真が飾られていたのが印象に残っています。

人工呼吸器につながれた遠藤さんは苦しそうに、「ゼー、ゼー」と激しく音をたてながら息をしていましたが、不思議なことにその体は薄い繭のような光に包まれているように見えました。

死期が近づいた人は体全体が光る、というよりも白く透けていくのです。私は、そうした人をそれまで何度か見ていました。遠藤さんの最期のときが近いと感じました。

私を病室に迎えてくださった順子夫人は言いました。

「大丈夫です、今度も必ず乗り切ります……もしここで死んでしまったなら、これまでの私たちの3年半の苦しみは何の意味もなくなってしまいますもの」

あとからお話ししてくださいましたが、順子夫人はこのときも、遠藤さんは助かると本気で信じていたのです。

私は言いました。

「いいえ、意味のない苦しみはありません。私たちの理解を超えることかもしれませんが……苦しみには必ず意味があります」

この瞬間にも、世界中で多くの人が苦しみ、悲しみを抱えて生きています。

苦しみに意味などあるのか？　と思う人もいるでしょう。なぜ神は助けてくれないのか？　と思う人もいるでしょう。私も、「なぜ神は何も語らず、沈黙しておられるのか」

と思ったこともありました。

しかし、その沈黙があればこそ私たちは与えられるだけではなく、自ら答えを見つけ出し、前に進んでいくことができるのではないでしょうか。私は、それこそがこの世に生を受けて生きる意味であり、死があるからこそ、生のよろこびも輝くのではないかと思うのです。

手と手を通して伝えられた最期のメッセージ

翌日の午後6時過ぎ、遠藤さんは息を引き取りました。以前から遠藤さんは無意味な延命治療は望んでいないことを医師団にも伝えていたため、体から人工呼吸器が外されたのです。

担当医のひとりの若い医師が人工呼吸器のスイッチを切りました。主治医の方が「人工呼吸器の余波が、あと5分くらいはございますから……」と言うと、順子夫人は、「このままの状態で死なせるのはかわいそうですから、管を全部抜いてください」とおっしゃり、遠藤さんの口や鼻に入れられていた管がすべて抜かれました。

そのときのことは今でも忘れません。器械が外された瞬間、遠藤さんの顔がフワッと明るくなったのです。頬に赤みが差し、顔色が明るくなりました。穏やかな表情で、うれしそうに見えました。そして、まるで体の中にある生命の源に火が灯ったように、体中からやわらかな光があふれ出しているように感じられたのです。

順子夫人は、しっかり遠藤さんの手を握っていました。そのとき、じつは二人の間には目には見えない魂のつながりを証明するようなことが起きていました。あとで私は何度も順子夫人から、その瞬間の様子を話していただきました。

以前に遠藤さんの著作から心に残る大切な言葉を選び出し、私が監修して出版した書籍『人生には何一つ無駄なものはない　幸せのための475の断章』（海竜社）から抜粋して掲載します。

——あのときに主人は、自分の手を通してはっきりと伝えてくれました。これが言葉で伝え合えたならば、こうははっきり伝わらなかったでしょう。手と手を通して、はっきりと主人は私にこう伝えてくれたのです。いま自分は永遠の命に入った。命はこの世で終わりではない。これから永遠の命を至福の内に生きる。母や兄と共に、これから永遠の命を生きていく。そして自分はまた愛する人たちのなかにも生き続ける。そういうメッセージをはっきりと受け取りました。――

順子夫人は、「俺はもう光のなかに入ったんだから、安心しろ」というメッセージをたしかに受け取ったと言います。そのおかげで、「またすぐに会える」と、ごく自然に思えたと言います。言葉を交わしていたならば、これほど鮮烈に遠藤さんの思いを感じ取ることはできなかったのではないか、ともおっしゃっていました。

死の間際、手から手へ伝えられた遠藤さんのメッセージのおかげで、順子夫人は「聖なるあきらめ」をもって執着を手放すことができたのだと思います。

ご遺体がお帰りになった遠藤さんのご自宅も、不思議な爽やかさと明るさに満ちていました。

小説家や編集者などの文壇関係者、俳優や女優などの映画制作関係者、その他多くの弔問客の方々がいらっしゃいましたが、不思議なことに涙を流しながら来られた弔問客のなかには、家に入り、遠藤さんのご遺体の前で祈りを捧げている間に何かの光やメッセージを感じられた人もいたようで、何人もの人が自分自身が変えられていく体験をしたと言っていました。みな、悲しみを越え、癒され、晴れ晴れとした明るい表情で帰っていかれたのが印象的でした。

また順子夫人は、こんなこともおっしゃっていました。

――ほんとうに最期のときに、言葉以上の、あの苦しみをなめたからこそ伝わる、そう、手と手を通して伝わってくるあの大きなメッセージを私はもらったからこそ、こんなに明るく生きられます。もう死は怖いものではなく、あの世に行く喜びが、私のなかにいまから始まっています。

それは主人の遠藤周作が、自分のなかに彼の命を残していってくれたからです。

また彼があの世で至福の内に永遠に生き続けているということを、その死の瞬間に、私に伝えてくれて、それを私が確信でき、そしてその喜びで生きられるからです。この3年半の苦しみの意味はここにあったのです。

親しい方を亡くして苦しんでいる人たちに、私はこのことをぜひ伝え続けたいと思います。――

遠藤周作さんと順子夫人のお話は、私たちに、死は終わりではない、命というものはこの世だけで終わるのではなく永遠につながっている、そして、たとえ肉体が離れ離れになったとしても夫婦の絆は永遠に結ばれ続けていく、ということを、私たちに教えてくれるように感じます。

死にゆく人たちが本当に望んでいること

私は静かに、死にゆく人の身体に手を置きます。そして祈りを捧げ、ゆっくり呼吸を合わせていきながら静かに〝時〟を待ちます。

やがて、あたたかい親しみのなかでお互いが一つになり、十分な一体感を味わいます。普段の祈りの場合は日常の延長線上にあり、雑念が入ってくることもありますが、死にゆく人との一体感の時間では、さらに深く静かな世界に入っていきます。そこはまるで、外界の音や時間も感じない別次元の宇宙のような世界です。

ある人は、やすらぎに満たされ、そのまま眠ってしまいます。また、ある人は死を前にして、これまで秘めていた本当の思いを語ります。そうして死にゆく人は心を整理して、旅立ちの準備を終えるのです。

私が「仲よし時間」という言葉の存在を知ったのは、今から30年ほど前、札幌で開催された「死の臨床研究会」がきっかけでした。この研究会ではターミナルケア（終末医療）に関する議論や講演が行なわれ、全国から４００人ほどの「心ある医師や看護に携わる方たち」が参加していました。

私には医学的な知識はありませんが、それまでの活動を通した経験などから次のようなことをお話ししました。

例外なく誰にも死は訪れること、医学の専門家でも最後は一人の人間として死んでいくこと、ターミナルケアの最前線で死を見つめることで身をもって医療の限界を感じておられるであろうこと、だからこそ死にゆく人の看取りこそがとても大切だということ。

講演のあと、ある大学の医学部の教授の方が私のところにいらっしゃって、こう言いました。

「〝仲よし時間〟というものを、ご存知ですか?」

ろうそくが溶けて短くなっていくと、最後のほうでは炎は徐々に小さくなっていきます。そして炎が消えかかる寸前、急に炎は強く明るくなり、そのあとにふっと消えてしまいます。

同じように、死が近づいた患者さんが突然、元気を取り戻し、まるで病気から回復したかのような状態になることがあります。

そのとき、死にゆく人たちは、それまでの人生でやり残したことや、言いたくても言えなかったことなどを周囲の人に伝えることがあるのですが、これを医療に携わる一部の人たちの間で「仲よし時間」と呼んでいるというのです。

私は思い当たることが多かったのでとても納得して、それ以来この「仲よし時間」という、すてきな言葉を使っています。


そもそも、この「仲よし時間」について私が深く理解したのは、アメリカの親しい友人でドクターのメリー・カリーとの出会いがきっかけでした。

メリーはニューヨーク大学医学部の教授として、いわゆるER(緊急救命室)において、緊急性が高い重症の患者の救命に、どのように対応するかについて教えていました。

以前、アメリカに滞在していたころ、彼女とは生と死について何度も対話を重ねました。立場や環境の違いはあっても、私たちには多くの共通する体験があり、深く理解し合うことができたのです。

死を目前にした人に対する私たちの共通した考えは次のようなものです。

・自分に死が迫っていることを直感的にわかっている
・孤独と怖れを感じている
・親しい人に話しておきたいことがある

最期に自分の人生を振り返り、人生の意味を見つけたい、未解決のままだった問題を解決したい、不仲になってしまった人と和解したい——そうした切実な思いを死にゆく人は胸に抱えています。そうした思いを誰かに打ち明けたいと思っています。

そして、私たちのもっとも重要なテーマは、これから死にゆく人たちとどのように接するか、どうすれば幸せに見送ることができるのか、ということでした。

「仲よし時間」は死にゆく人との大切な別れの儀式

日本やアメリカでは、以前は病気の人に対しては死に関連する話はできるだけ避けて、励まし、病気が治ることに焦点を合わせた治療を行なうことが普通でした。

しかし、死にゆく人たちの思いや、本当に望んでいることへの理解が深まるにつれ、延命治療は死にゆく人の尊厳を守ることにはならないのではないか、という疑問が生まれてきました。そこで、彼らの思いを理解して寄り添い、本当に望む最期を迎えさせてあげられることを中心にした医療が進められてきたのです。

死にゆく人たちはまず、それまでの人生では経験したことのない孤独や怖れに直面します。そして、大きくは二つのことに心が動いていきます。それは、自分の人生の振り返りと家族への思いです。

「自分の生き方は本当に正しかったのか」「本当はこんな人生を送りたかった」「もしかなうなら、こんなことをしてみたかった」などの思いが湧き起こります。また、過去に不仲になってしまった人や音信不通になってしまった人などに思いを伝えて、和解をしたいと望みます。

同時に、家族に対する深い愛情や感謝の気持ちもあふれてきます。家族のおかげで、これまで自分は生きてこられたこと、自分が死んだあと家族には幸せに暮らしてほしいことなどを心から思い、願うのです。

そして、こうした思いを素直に家族や親しい人に話したいと願うのですが、じつはここで大きな壁となるものがあります。それは、残される家族の心の問題です。


大切な人に死んでほしくない、いつまでも生きていてほしい。病気が回復して家に戻ることができ、また家族いっしょに暮らしたい、と思うのは当然のことです。そのため、死にゆく人に本当のことを言えずに、「大丈夫、よくなるよ」「がんばって」と笑顔で励まし続けてしまいます。家族の間から死という現実を隠して、触れないようにしてしまうのです。

それは当然、死が迫っている人への愛情なのですが、同時に恐怖や悲しみといった自分の感情に囚われて執着してしまっている状態でもあります。頭ではわかっていても、大切な人の死を受け入れることができず、目をそむけてしまっているのです。

一方、死を目前にしている本人は、そうした家族の思いは切ないほどに理解しています。できるだけ家族を悲しませたくないと思っています。そして、自分が死ぬことへの恐怖を感じています。大切な家族との別れを自覚して、大きな寂しさが胸にこみ上げてきます。これまでの人生を振り返り、さまざまな葛藤を心に抱えているのです。

次章でも詳しくお話ししますが、こうしたお互いの気持ちのギャップを少しでも小さくして、できる限り死にゆく人を幸せに送り出すためには、死を迎えるには段階があること、「仲よし時間」を完了するために死にゆく人の話を聞くには訓練、レッスンが必要であること、「聖なるあきらめ」の重要性などを知ることが大切です。

それは、家族だけでなく医療関係者や介護関係者、カウンセラーなど生と死に関わる人たちを含め、私たち一人ひとりにとって、これからの時代、とても重要なことだと考えています。

「仲よし時間」を穏やかに過ごし、死にゆく人の本当の思いを聞き届け、幸せな旅立ちの準備を整えさせてあげることは、残される人から死にゆく人への愛情の時間です。

そして、「仲よし時間」を幸せに過ごすことができれば、それは将来、自分が亡くなるときのための大切な経験と知恵にもなります。

死にゆく人たちが幸せに旅立つために、そしてご自身のためにも、一人でも多くの人に「仲よし時間」の大切さを知ってほしいと思います。

人にはそれぞれの「仲よし時間」がある

通常、医学的には死の前の24時間前後に、この「仲よし時間」が訪れるといいます。しかし、人間には一人ひとり個性があります。生き方も人それぞれですし、家族間の関係や在りようもさまざまです。ですから、「仲よし時間」にも決められた時間や形式があるわけではありません。

人が辿ってきた人生の旅路は、それぞれが唯一のものであるように、「仲よし時間」もまた同じものは一つとしてありません。

ある地方で会社を立ち上げて成功し、生まれ故郷の町の整備に尽力し、病院や老人ホームに多額の寄付をしていた地元の名士の男性は、死の間際にこう言いました。

「私はこれまで、がむしゃらに働いてきた……でも本当は人生をもっと楽しみたかった」

そして、幼い男の子のように泣きじゃくり、小さな声でつぶやきました。

「かあさん……」

そうして最後には、彼が好きだったという『かあさんの歌』を家族や会社の人たちが歌い、その歌声に包まれてやすらかに旅立たれました。


アメリカで出会った9歳の男の子は小児がんを患っていました。

金髪のかわいらしい少年で、スタンフォード大学の小児がんセンターに入院していたのですが、あるとき、「海が見たい」と言うので医師の許可を取り、友人のアメリカ人シスターと3人でカリフォルニアの海に行くことになったのです。

美しい砂浜に座り、3人で青い海を眺めました。ふと、男の子がつぶやきました。

「ぼくのお葬式は、シスターがしてね」

男の子の両親は彼がまだ幼いころに離婚していて、母親は彼を置いて自分の生家のあるメキシコに帰ってしまっていました。

寄せては返す波の音が私たち3人を包んでいました。また彼がつぶやきました。

「ぼくはね、おばあちゃんのところに行きたいんだ。何日も泊まれるかな？」

「元気になれば、ずっといられるわよ」

「ほかの人とも、いっしょにいていいの？」

「もちろん」

「身体がなくても、いられる？」

「魂だけになっても好きなだけいられるわよ」

「じゃあ、今は身体があるから行けないけど、身体がなくなって自由になったら、ぼくは好きな人のところに行く」

そう言うと少年は、はにかみました。

太陽に照らされた波が寄せては返し、その一つひとつが、きらきらと輝いていました。

「シスター、ぼくの好きな人、誰か知ってる？」

「さぁ……誰かな？」

「ぼくの好きな人は、おかあさんだよ」

それまで誰にも言わなかったこと、言ってはいけないと心にしまっていた思いを彼は口にしました。

「シスター、ぼくが死んだら病院を探しちゃだめだよ。ぼくは、おかあさんのところにいるからね」

そうして1週間後、彼は息を引き取りました。

身よりのない孤独な老女はひとり、生活保護を受けながらアパートで暮らしていました。若いころの結婚はやぶれ、子供を施設に預けたあとに再婚したものの、それも長くは続きませんでした。

その後、年老いた彼女は病気になり入院することになりましたが、周囲の人から好かれているとは言い難い存在でした。なぜなら、いつも見栄を張るというクセのようなものがあったからです。

みんな嘘だとわかっているのに、自分は大きな家に住んでいて、いかにいい暮らしをしていたかを自慢するのです。そのため周囲の人たちからは、つきあいにくい人と思われていたのです。

あるとき、病室に面した道路を焼きいも屋さんが通りました。すると彼女は近くにいた介護ヘルパーの人に「ちょっと、焼きいもを買ってきてちょうだい」と言いました。見ると、手に1万円札を握っています。

生活保護を受けている彼女にとって、1万円は小さなお金ではありません。それなのに、1万円分の焼きいもを買ってきてほしいと言うのです。

ヘルパーさんは「今は手が離せないから」と言って断りました。それでもなお、しつこく「早くして、時間がないのよ」と言います。

「そんなにたくさん買っても食べきれないでしょ」と言っても、「今じゃなきゃだめなの、時間がないの」と言います。

しかたなく、ヘルパーさんは焼きいもを買ってきてあげました。老女は満足そうに、周囲の人に焼きいもを配りました。さらにヘルパーさんに頼んで、両隣の病室の人たちにも配りました。

その数時間後、彼女は突然、心臓発作で亡くなりました。

思えば、彼女は自分の死期をわかっていたのでしょう。そして、なけなしの1万円で買った焼きいもは見栄を張っていただけでなく、周囲の人たちへの感謝の気持ちと、お別れのあいさつだったのかもしれません。それが彼女の「仲よし時間」だったのです。

伊豆のある病院に入院していた高齢の男性は、漁師として生きてきました。一
顔は浅黒く、太陽と潮風とともに生きてきた証である深いしわが刻まれていました。一人息子がいましたが、ある大しけの日に波に飲まれ、妻にも先立たれました。

70歳を超えて漁に出たある日、荒波に襲われ、彼は船の甲板に叩きつけられ背骨を骨折。そのケガがもととなり、身よりのない彼は病院でひとり寝たきりの生活を送っていたのです。入院患者の人たちの話では、このおじいさんは病室では何も話さず、見舞いに来てくれる人は誰もいないということでした。

ある日、病室に行くと、普段は何も話さないおじいさんがボソッと「足が痛い……」とつぶやきました。私は彼の足をさすってあげましたが、無言で何の反応もなく、大きな目でただ私をじっと見ていました。

数日後、私は東京に戻るため病室のみなさんにあいさつに行きました。寝たきりのおじいさんに「お大事に、またお見舞いに来ますね」と声をかけましたが、相変わらず何の反応もありませんでした。彼は少しずつ衰弱しているように見えました。

それから1カ月後、私は再びこの病院を訪れました。元漁師の彼は、もう亡くなってしまったかもしれないと思いながら、病室の扉を開けました。

入院している患者さんたちは、あたたかく私を歓迎してくれました。すると、ある患者さんが私の顔を見るなり、「あぁ、あのじいさんが待っていたのはこの人かもしれない」と言いました。

話を聞くと、その後、おじいさんは衰弱がひどくなり個室に移され、いつ亡くなってもおかしくない状態だったのが、なんとか1カ月もちこたえているといいます。誰かを待っているようだと、みんなで噂していたのだそうです。私は急いで、あのおじいさんの病室に向かいました。

病室に入ると、彼は微かに目を開けて私を見ました。そして、その目から一筋の涙が流れました。ほとんど見ず知らずの、しかも一度だけ足をさすってあげただけの私を待っていてくれた。私は胸が熱くなり、思わず彼の手を握りしめました。

数日後、このおじいさんは亡くなりました。これが彼の「仲よし時間」でした。私は大切な「仲よし時間」に立ち会わせてくれたことを感謝しました。彼の目からこぼれた一筋の涙を、私は生涯忘れることはないでしょう。

それぞれの人生の最期に触れるとき、死というものには、それぞれの人が生きてきた時間が凝縮されるのだと感じます。よくも悪くも人間というものは、その人なりの人生を送り、そして最後に死んでいくのだと思います。

心あたたまる、愛ある夫婦の「仲よし時間」

これまで私は、さまざまな「仲よし時間」に立ち会わせてもらいました。そのなかでも、心があたたかくなった、ある家族の「仲よし時間」を紹介しましょう。

私の親しい友人でYさんという女性がいました。早くに結婚して子供にも恵まれましたが、若くして病魔に侵されてしまいました。そのとき、いちばん下のお子さんはまだ小学生でした。

もう自分は助からないとわかっていたのでしょう。カトリックの信仰をもっていた方でしたから、Yさんは覚悟を決めて、死の準備を始めていました。

常に穏やかで取り乱すこともなく、落ち着いた入院生活を送っていました。私もできる限り病室に行き、彼女に寄り添っていました。

亡くなる少し前、彼女に「仲よし時間」が訪れたことを感じた私は、家族のみなさんを呼び寄せました。

意識がしっかりしていたYさんは、子供たち一人ひとりを自分のそばに呼び寄せ、目を見つめながら、慈しむように「お母さんのところに来てくれて、うれしかった」と全員に同じ言葉をかけました。お子さんたちも、母の目をまっすぐに見つめながら、「お母さんの子供で幸せだった」と最後の言葉を母に捧げました。

「最後は二人だけにしてください」と言うので、私はお子さんたちを連れて病室を出ました。すると、Yさんとご主人がお互いに「愛してる」と言い合う声が廊下にまで聞こえてきました。Yさんは最後の力を振り絞り、「愛してる」の言葉にご主人への思いを込めたのでしょう。夫婦のすてきな愛と別れの時間でした。

病院の廊下にいた私と3人のお子さんたちは、泣きながらも、顔を見合わせて笑いました。彼らの心には、これから理想とするべき家族の形、夫婦の形がしっかりと刻まれたと感じました。

そして、母はいなくなってしまうけれど、「こんなに強くて、すてきなお母さんだった」ということを心にとめて、「これからの人生を家族全員で力を合わせて生きていこう」という決意を固めることができたと思います。

家族でしっかり別れの言葉を交わし、泣き、笑いのある、すばらしい「仲よし時間」だったと私は思いました。


心理学者のカール・ユングは、夫婦は二度、結婚式を挙げるといいます。

一度目は社会的な結婚式で、二人が夫婦になるときです。そして二度目の結婚式は、子供を育てあげてから亡くなるまでの間に、その夫婦にだけわかる形で訪れるといいます。夫婦には、よろこびもあれば、悲しみもあります。人生の災難や苦難に出会うとき、病気や老い、死に直面したときなど、そこからの人生を二人でともに生きていくという覚悟を決め、絆を深める機会が、どの夫婦にもさまざまな形で必ずやってきます。そのときを第二の結婚式というのです。

自分たちに訪れた人生の変化をどう受け止めるかによって、その後の夫婦の生活は変わっていきます。

たとえ、死による別れが来ようとも、すべての経験を二人に与えられた恵みととらえることができれば、そこからまた新たな人生を送ることができるのです。なぜなら、第二の結婚式をした夫婦の絆は永遠だからです。

Yさんの「仲よし時間」に立ち会い、やはり人間は、最後までその人らしく生き、その人らしく死んでいくのが、もっとも理想的で幸せな人生なのだと私は思いました。

死にゆく人に何をしてあげられるのか

以前、小説家の遠藤周作さんと、「死にゆく人にしてあげられること」について話したことがありました。

ちょうどそのころ、遠藤家に20歳代の若い女性がお手伝いとして働いていました。遠藤さんと順子夫人はたいそうかわいがっていて、彼女も「私は一生ここの家にいます」と言っていたといいます。

あるとき、故郷の実家に帰省して帰ってきてから体調を崩し、初めはみんなが風邪をひいたのだろうと軽く考えていたのですが、どうも様子がおかしいということで彼女を病院に連れていったそうです。

診断の結果は骨髄のガンで余命1カ月の宣告。年齢が若かったので転移も速かったのでしょう。しばらくして彼女は亡くなってしまいました。遠藤さんには、「彼女のために何もしてあげられなかった」という思いが強くあったのだと思います。

当時、私は多くの病院を訪問して、末期の患者さんたちに祈りを捧げ、最期の看取りを続けていました。私のなかにも、常に「いったい自分には何ができるのか」という思いが巡っていたころでした。

ふと、遠藤さんが「死んでいく人のそばにいて、いったい何ができるんだろうね」とおっしゃいました。

私は、「本当に何もできませんね……ただ、そばにいて、手を取って、いっしょに呼吸をして息を合わせて、〝私はあなたといっしょにいますよ、あなたはひとりじゃないんですよ〟と言ってあげることしかないのかもしれません」と言いました。

すると遠藤さんは、ふと穏やかな表情になり、「僕もそう思う」と。そして、こんなことをおっしゃいました。

「お手伝いのあの子が入院してから、僕ができることは嘘を言ってあげることだけだった。

医師から、あと1カ月の命だと聞かされたら、〝1カ月もしたら病気はラクになるとお医者が言っていたよ〟と。状態が悪いと医師から言われれば、〝今日は、ゆっくり休んだほうがいいと言われたよ〟というように解釈を変えて話をした。

本当の最後の最後になったときは、〝誰もあなたを見捨てていないよ、あなたを大事に思っている人がずっといっしょにいるよ〟と手を握って伝えることしかできないよね」

弱い立場の人や虐げられた人への救済を文学の大きなテーマとしてきた遠藤さんの根源的な思いを、私は共有できた思いがしました。

余談ですが、ちょうどこのころ、遠藤さんは蓄膿症の手術後にガンの疑いがもたれ、お手伝いの彼女と同じ病院に入院していました。順子夫人は二人の病室を行き来して看病をしていました。

彼女が亡くなった日、順子夫人が遠藤さんの病室に報告に行くと、「今、亡くなっただろ」と言うので、どうしてわかったのか順子夫人が聞くと、「今、ここへ別れのあいさつに来たよ。俺がうとうとしていたら、あの子がニコニコしながらやってきた。そして、〝旦那さまはガンじゃないです、大丈夫ですよ〟って言うんだよ。元気なころの姿のままだった……」とおっしゃったそうです。

このエピソードも、死は終わりではなく、死の先に続く生があること、そして死者と生者の絆は永遠につながっていくことの、ひとつの証なのではないかと感じます。

心の通う医療の重要性

お手伝いさんの入院中、遠藤さんは何もしなかったわけではありませんでした。あと1カ月の命と診断しながら、病院では延命治療のためにさまざまな検査を彼女に行なおうとしたそうです。

検査は、大変な痛みと苦しみをともなうものです。安らかな死を迎えさせてあげたいと考えた遠藤さんは、少しでも検査を減らすために病院側と交渉をして、同じような検査の中止を訴えたのです。

病院の延命治療に疑問を感じた遠藤さんは、この経験をきっかけに「心あたたかな医療」という運動を進められました。今から40年ほど前のことです。

それまで、医療の現場では患者の意志や尊厳を無視するような検査や治療が行なわれることも多くありました。

たとえば、当時のほとんどの病院では、夕食の時間は午後の4時半から5時頃という早い時間に決められていました。尿検査は今のようにトイレですますことはできず、紙コップを渡された患者がトイレに尿を採りに行き、それを持って多くの人がいる待合室を通って診察室に行かなければなりませんでした。

これは特に女性にとっては、大きな抵抗を感じることでした。また、看病のために付き添う家族が休める場所も病院にはありませんでした。

長い闘病経験をもつ遠藤さんは、一人の患者という立場から、「病院は何より患者の心を癒す場であるべきだ」と訴え、医療現場の改善を求めたのです。

当初は批判や抵抗もありましたが、賛同する人も多く、この運動は心ある人たちを中心に広まっていきました。

現在では、病院で早い時間に夕食を強制されることも、尿検査で恥ずかしい思いをすることもないでしょう。現代の医療の現場では当たり前なことも、以前はそうではなかったのです。心あたたかな医療の運動が、いかに画期的なことだったのか理解していただけるのではないでしょうか。

遠藤さんの心の根底には、苦しむ人の救済と人間の尊厳を守るという大切な思いがありました。こうした思いは、これから死にゆく人と向き合うすべての人にとって、とても重要なことだと思うのです。

大切なのは死にゆく人に最期まで寄り添うこと

人には、それぞれの使命や役割があります。

医師や看護師の人たちには、病気で苦しむ患者さんを救うという使命があります。しかし同時に、救えない命があることに向き合わなければいけないときがあります。医学や医療の限界という現実に直面せざるをえないときです。

そんななかで、医学の進歩のため、一人でも多くの人の命を救うために日々、たくさんの医師や看護師の方々が医療に取り組んでいます。

遠藤周作さんには、小説を通して多くの人々に救いや癒しを伝えるという使命がありました。しかし、一人の命も救えないという無力感を味わいました。

それでも、自分ができること、自分だからできることとして、「心あたたかな医療」の活動を進められました。

病気で苦しみ、死に向かっていく家族を目の前にして、多くの人が「痛みを取ってあげることも、命を救うこともできない。自分には何もしてあげることができない」と思い、自分を責めてしまうことがあるかもしれません。また、他の家族があなたを責めることがあるかもしれません。

たしかに、体の痛みは薬が抑えてくれます。しかし、心の痛みや苦しみ、怖れや孤独感を癒し、死にゆく人の心を救うことができるのは、身近で見守り続けるあなたです。

ですから、どうか無力感に苛まれたり、自分を責めたり、家族同士が分裂することなどなく、死にゆく人が幸せな死を迎えるために、最期まで愛をもって寄り添っていただきたいと思います。

第4章

家族でともに向き合う死へのプロセス

幸せな看取りに大切な４つのプロセス

ここまで、さまざまな方の生と死のエピソードを通して、死についてどのように考え、向き合えばいいのか、死にゆく人がどのような思いを抱え、何を望んでいるのか、そして残される人がまず知っておくべき大切なことなどについてお話ししてきました。

そこで本章では看取る側、特にご家族の立場に立って、実際に死にゆく人にどのように接して、どういうことに注意するべきなのかといったことについて具体的に考えていきたいと思います。

さまざまな家族の形があり、死の在りようがありますが、ここでは基本的に病気の親を看取る子供（息子さん、娘さん）というケースを想定してお話を進めていきます。種々の状況の違いは、それぞれに置き換えたり、当てはめて考えてみてください。

まず、親の死について考え、向き合っていくためには、次のような段階と流れで考えていきます。

第1段階：まだ親が健康で元気なうちから、「そのとき」のことについて家族全員でしっかり話し合う。

第2段階：親が発病したら、まず初期では、皆で病人を見守りながら医学的な治療に専念してもらい、家族が互いに希望をもって過ごす。

第3段階：病状が進行し、いよいよ余命宣告を受けたときは、親の死を受け入れる心の準備を進める。

第4段階：死の間際には「仲よし時間」をともに過ごし、家族全員が幸せに最期のときを迎える。

最初は、まだ親が元気でいるうちから〝最期のとき〟に備えて、親も含めて全員で死について話し合うという段階です。家族一同での死に支度、といってもいいでしょう。

桜吹雪と死に支度

小説家の遠藤周作さんの死に支度のお話です。

第3章でもお話ししましたが、遠藤周作さんの人生は闘病の連続でもありました。惜しまれつつ、1996（平成8）年に73歳で亡くなられましたが、その10年以上も前から遠藤さんは死を予感し、死に支度をしていたといいます。

遠藤さんに誘われ、順子夫人は春の東京・代々木公園に出かけました。よく晴れた日でした。あまりに桜吹雪が美しく、見事だったので、二人で公園のベンチに腰掛け、30分ほど桜に見惚れていたそうです。

それぞれの用事があったため、そこで別れたのですが、桜吹雪が舞い散るなか順子夫人は、遠藤さんの後姿がトンネルのような満開の桜の樹々のなかに、まるで吸い込まれるように消えていくのを見送りながら、ふと「あぁ、彼が死ぬときは、こんなふうに突然、姿が消えてしまうのだな」と感じ、あまりの寂しさに涙が止まらなかったのだといいます。

夜になり、順子夫人がそのときの話をすると、遠藤さんは江戸後期の俳人・小林一茶の次の句を教えてくれたそうです。

死に支度いたせいたせと桜かな

それを聞いて、順子夫人は遠藤さんがもう死に支度を考えているのだと思ったとおっしゃっていました。そして、あれほど涙がこぼれたのは、遠藤さんが死ぬという現実に対して、自分自身に何の心の準備もなかったからだとも。

私はその話をお聞きして、順子夫人は遠藤さんがいつかは亡くなるという現実を受け入れられたのだと思いました。そのときは、まだ死はすぐ近くにはなかったとしても、いずれは現実のものとなることを無意識に理解し、心の準備をし始めたのだと感じたのです。

そして、小説家である遠藤さんは自分なりのやり方で、いつか死が来ることを順子夫人に伝えようとしたのではないかという気がしました。

もちろん、桜の花が死を急かしているわけではありません。桜を見て、小林一茶が死にたくなったわけでもないでしょう。

死に支度というのは文字通り、死への準備ということですが、死を考え意識することで、命には限りがあることを知り、だからこそ限りある人生をどう生きるかということを自分に問うたのだと思います。

咲いては散っていく、あまりに美しい桜の花が、生と死は切り離されたものではないと教えてくれているようです。

死に支度は、本人だけの問題ではなく、家族や近しい人にとっての問題でもあります。「家族で死について話をするなんて縁起でもない」などと目をそむけずに、死について家族一人ひとりがどのように考えているのか、家族それぞれが、これからのよりよい人生のためにどう生きていけばよいのかということを話し合う機会をつくるのは、とても大切なことだと思います。

〝そのとき〟は、必ず、いずれは訪れるのですから。

死についても早めの対応が肝心

近年では、終活（人生の終わりのための活動）という考え方が進み、自分の人生のエンディングについて考える人も増えてきていると思います。しかし一方で、病気などなく元気なうちから、家族や夫婦の間で死についての話をすることには抵抗があるという人も多いかもしれません。

しかし、何をどうするのか、どうしたいのかについて話し合っておくのは、早いに越したことはないと思います。

たとえば病気になったときに、どのような治療を受けたいのか、終末期には延命治療を望むのかどうか、などのことについては、自分の考えをちゃんと伝えておいたほうがいいでしょう。

厚生労働省のある調査結果によると、人生の最終段階における医療や治療について、家族間や医療・介護関係者との間で話し合っていると答えた人の割合は39・5％だということです。

終末期の治療に関しては、家族間で意見が分かれることはよくあります。たとえば、一家の大黒柱である父親や母親が延命治療はしないことを望んでいるのに、息子や娘が少しでも両親に長く生きていてほしいと考えて延命治療を望むというような場合には、家族の間に仲違いや分裂が起きてしまうこともあります。

また、最期のときをどう迎えたいかについて家族で話し合いをしておらず、本人の意思確認もしていなかった場合、治療継続の判断など最後の決断は親族がしなければなりません。いざというとき、延命治療をするのか、そのまま穏やかに看取るのか、すでに意思表示ができない本人の代わりに、医師は家族に判断を迫ります。

苦しませたくはない、でも生きていてほしい……そうした葛藤のなかで刻一刻と時間は過ぎ、家族が苦しんでしまう場合があります。

さらに大切な人の死後には、自分の判断は本当に正しかったのか？　自分が大切な人の命を奪ってしまったのではないか？　と思い悩み、苦しみ、後悔の念に囚われてしまう方もいます。それほど、命に関わる判断はむずかしいものです。

より現実的な部分でいえば、遺産相続などの財産管理の問題もあるでしょう。〝相続は争族〟という言葉があるように、これまで古今東西で相続問題は親族間の争いの原因になってきました。

最期のときに、大切なご家族の間で争いが起きるのは悲しいことです。ですから被相続人の方は、まだ病気ではなく体力もあり、判断能力があるうちに財産の把握をして、誰に何を残すのかということについて、自分自身の意思を明確にしておくことも大切でしょう。法令の改正などによって、以前より遺言も残しやすくなっているようですから、専門家に相談してみるといいと思います。

遺言書というのは、どうもおおげさな感じがするというのであれば、考えていることや思いを文章にしておく、というのでもいいでしょう。

文章に書くことで、本人の考えも整理されますし、修正すべきところはそのつど書き直すこともできます。また子供としては、先に亡くなるであろうお父さんやお母さんの思いや考えを文章として残してもらうことで、いつでも読み返すことができるでしょう。

遺品整理も、残された人には大変な作業です。たくさんの方が「家族には迷惑をかけたくない」と言いますが、結局はいろいろと迷惑をかけてしまうことになっているケースが多いのではないでしょうか。

自分の人生を振り返るなかで、自分にとって残しておきたいものは何か、捨ててしまってもいいものは何かについても整理しておくことが大切です。

そうしたことも含めて、ご家族の話し合いをしておくことが必要だと思います。

認知症の夫の銀行預金でトラブルに

夫が認知症になってしまったある70代のご婦人は、友人のアドバイスもあり、まだ症状が軽いうちに将来に備えて、財産や介護、医療のことなどで不安に感じている部分を少しでも減らしておきたいと考えました。

そこで一度、子供たちが帰省した年末年始に、家族4人で〝そのとき〟のことについて話し合いの時間をもちました。ところが夫は「まだ早いだろう。もう少し先でいいじゃないか」という予想通りの反応。子供たちも面倒くさいという感じで、結局、何の進展もないまま話し合いは終わってしまったといいます。

実際、人間というのは頭ではわかっていても、いざというときにならないと、なかなか行動に移せないものです。

夫の認知症が進行して、介護が大変になっていくにつれ、彼女も日常の雑事のあれこれに流されて、将来のことについて何の話し合いもしないまま日々は過ぎていきました。

数年後、必要に迫られて夫名義の定期預金を解約しようということになりました。しかし、こうした手続きは思いのほか面倒なことでもあります。そこで、銀行に問い合わせると、若い女性の担当者が家に来てくれることになりました。

書類には本人の署名が必要だということで、名前を書いてもらおうとしたのですが、すでに夫は文字をまったく書くことができず、自分の名前を言うことすらできない状況だったのです。

そこまで認知症の症状が進行していたことを初めて知り、彼女は愕然としたといいます。ご家族も銀行の担当者もいっしょになって名前を書かせようとするのですが、本人は書けと言われれば言われるほど、緊張もあってか書くことができませんでした。結局、手続きはできなかったそうです。

その後も何度か銀行の女性は自宅に来てくれたのですが、やはり夫は署名することができず、結局は成年後見人の申請をしなければならなくなってしまったそうです。笑うに笑えない話ですが、似たような状況はどこのご家族にもありえるのではないでしょうか。

家族で大切な話をするのに、早すぎるということはありません。まだ両親が高齢になる前に話し合いを始めるのもいいでしょうし、孫の世代も話し合いに加えることで、子供のうちから死について話し、教える機会をつくるのも大切なことだと思います。

二番目は、「状態がまだ深刻でない時期は、希望をもたせて援助する」という段階です。

希望をもつことで病気が治ることもある

昨年、岡山県で活躍している私の親しい医師のHさんがガンになりました。

普通はガンが見つかれば病院で治療をするでしょう。ところが彼は、ガンが見つかってからというもの、家族が「お願いだから、病院に行ってちょうだい」と言っても聞く耳をもたないというのです。そこで私がお会いして、お話をしました。

彼の考えは次のようなものでした。

「両親は二人とも61歳で死にました。僕も今年で61歳。そういうことです……僕も61歳で死ぬ運命なのです。だから、このタイミングでガンになったのでしょう。

体は、この世に置いていくものだと思っています。だから、今は治療しなくていい。僕は医者だから、自分の体がどういう状態になっているのかわかります。この体は地上に置いていきます。魂だけが天に昇って、よろこびのうちに永遠に生きるのだから、今はガンの治療よりも魂を大切にすることが大事だと思っているのです」

Hさんのように、親の亡くなった年齢を意識する人は多いものです。たとえば、親が60歳で死んでいるから、自分もそのくらいの年齢までしか生きられないとか、親の死んだ年齢を越えて自分は生きることができた、というようにです。

しかし当然ですが、親と自分は別の人間です。自分の思い込みが不安や怖れ、あきらめなどにつながっている場合がほとんどでしょう。

Hさんは特定の信仰をもっているわけではありませんが、魂の存在やその意味などを理解されていて視野が広く、懐の深い人です。目に見えない深い世界や精神性をとても重要視している人ですから、私は彼の考えはよく理解できましたが、やはりご両親が二人とも同じ年齢で亡くなったことが、これまで心に大きな影響を与えてきたのでしょう。

そこで私は、こんなお話をしました。

「でも先生、私たちはこの世に生きているかぎりは体を使って生きなければいけないでしょう。体は自分の魂を表現する大事な道具なのだから、道具は大切にして磨かなければだめです。

野球選手はバットやグローブ、医師ならメス、そうした道具を大切に磨いておかなければ、プロフェショナルとしての仕事はできません。そうでなければ、ファンを楽しませることも、患者さんを助けることもできないでしょう。

今、先生は生きているのに、自分の魂にとってのいちばんの〝助け手〟である体を粗末にするのは、正しいことではないのじゃありませんか？」

Hさんは、「シスターの言うことは、まったくその通りです」と言って納得されました。そして、あらためて自分の存在理由を考え直し、医師としての使命感を取り戻して、病院で治療をすることを受け入れてくれました。

すると、驚くことにガンがすっかりきれいになって完治したのです。私はあらためて、心と体の密接なつながりを再認識するとともに、人間のもつ可能性と神秘な力に感動を覚えました。

すっかり元気になったHさんは医師として、今では以前にもまして精力的に患者さんに向き合い、寄り添い、治療活動を続けておられます。


何らかの病気を発症して、まだ深刻な状態でない段階では、周囲のご家族は病気の人に対して常に希望をもたせてあげることが大切です。十分に回復の可能性があるうちは、「必ず治る」という希望のもとに、あきらめずにサポートをしていきます。

Hさんのように、希望をもつことで病気が治ったり回復したりした人を、私は今まで何人も見ています。

じつは人間のイメージの力は、みなさんが思っている以上に強力です。ですから、病気の人が「生き続ける」という決意をして、希望をもつように促し、導くことを、ぜひ身近で見守る家族の方々には実践していっていただきたいと思います。

「死の受容の5つのプロセス」

三番目は、「死に直面する末期に、死を受け入れる準備を進める」段階です。死に直面した人は、どのような精神状態なのでしょうか。心には、いったいどのような変化が起きているのでしょうか。

アメリカの精神科医で、臨死体験や死後の世界などの研究でも著名なエリザベス・キューブラー＝ロスが提唱した「死の受容の５つのプロセス」というものがあるので、ここでは私の解釈も交えて簡単にご紹介します。

エリザベス・キューブラー＝ロスは、医療活動に従事し始めた１９６０年前後のころ、病院の患者に対する扱いや態度のひどさに愕然としたといいます。そこで自ら研究し、患者にどう接していくべきかについての講義を始めました。

１９６５（昭和40）年、シカゴのある病院で「死とその過程」に関するワークショップを開始。そこで死を目前にした末期の患者たち約２００人と面談し、心理分析を行なっていきました。

ここでの対話の結果をまとめて1969年に発表したのが、著書『On Death and Dying』（邦題『死ぬ瞬間』）でした。『死ぬ瞬間』は大きな反響を呼び、その後のデス・エデュケーション（死への準備教育）や死生学、サナトロジー、ホスピス活動などにも大きな影響を与えたといわれています。


「死の受容の5つのプロセス」とは、次のようなものです。

第1段階：否認

余命宣告を受けるなどして、自分に死が迫っていることを知らされた場合、人はまず大きな衝撃を受けます。そして、「自分は死ぬはずがない」「これは何かの間違いだ」というように強い否定の感情が湧いてきます。また、「新しい特効薬ができて自分は助かる」というように部分的に否定する場合もあります。

まだ現実を直視できず、感情面では死について否定、逃避して、それまでと変わらない自分の人生に戻ろうとします。

やがて、自分の死を否定できないことがわかってくると、大きな不安感や焦燥感、無力感などに襲われます。

第2段階：怒り

頭では自分に死が迫っていることを理解していきますが、次第に大きな怒りがこみ上げてきます。「何も悪いことをしていないのに、なぜ自分が死ななければならないのか？」「自分よりも悪いことをしている人間のほうが死ぬべきではないのか？」というような思いが頭のなかで渦巻き、答えのない疑問を何度も自分のなかで繰り返していきます。

そうした抑圧した怒りの感情は、やがて家族などの周囲の人に向けられていきます。誰かれかまわず当たり散らしたり、場合によっては、「あなたは何も病気がなくて、健康でいいね」といった、相手に対する嫌味となって出てくることもあります。

第3段階：取引

特定の宗教への信仰がなくても、多くの場合、神や仏という人間を超える存在にすがる気持ちが生まれてきます。

「悪いところは改めるので命を助けてほしい」というように懇願したり、死ぬことは受け入れるが「反省して正しく生きていくので子供が小学校に入学するまで待ってほしい」というように死を先延ばしにして、もう少し時間がほしいと取引を試みようとします。

何とか死を回避したいと願い、その方法を模索しますが、やがて自分の過去を少しずつ振り返るようになっていきます。

第4段階：抑うつ

取引は叶わないことだと悟り、これまで何度も否定してきた自分の死は避けられないものだと受け入れ始める段階です。

同時に、自分の運命に対して無力さと失望を感じ、喪失感や孤独感などに苛まれ、抑うつ状態に入ってしまいます。気分が落ち込み何もしたくない、誰とも会いたくない、一人になりたい、と思い詰めるようになり、周囲からの慰めの言葉は耳に入りにくくなってしまいます。

絶望感や虚無感に囚われてしまいますが、本人は徐々に自分の死を感情的にも受け入れ始め、覚悟をしていきます。

第5段階：受容

抑うつのプロセスを過ぎると最終段階として、穏やかに自分の死を受け入れることができる、あきらめの境地に入っていきます。

怒りや抑うつなどは消え、「生命あるものにとって死は当然のことである」という思いや考えに到達します。

個人差はありますが、この段階では、その人が本来もっているよさ、すばらしさや人生観などが表面に現われてきます。そして、自分の人生の最期のときを静かに、深く見つめていきます。

家族がすべてを受け入れていくことで安心感が生まれる

ただ、すべての人が上記のプロセスをたどり、各段階を経験するわけではありません。

また、順序が入れ換わった各プロセスを経験していく場合もあります。

第1段階で自分の死について否定することは、自分を守るための自己防衛本能であり、自然な反応です。ご家族としても病気の本人と同じように死を否定したい気持ちになると思いますが、これも自然の反応ですので、無理に抑え込まなくていいでしょう。

ご家族にとってむずかしいのは、第2段階だと思います。それまで感情の起伏が少なく、穏やかで温厚だった人でも、いざ死の宣告を受けてこの段階に入ると、周囲のご家族に対して心ない言葉を浴びせたり、理不尽な怒りをぶつけてくることが往々にしてあります。

ご家族としては苦しいと思いますが、怒りは死への恐怖や孤独感、やり場のない感情の現われですから、しっかり受け止めてあげることが大切です。

やはり、怒りも人として自然な反応なのですから、怒ってもいいという環境をご家族がつくってあげられると、本人は受け入れてもらえたことで安心でき、心を抑圧せずに次の段階へ比較的スムーズに移行していくことができます。

第4段階では、病状も進んで悪化していることが多いので、本人の心の落ち込みも深くなっていきます。

ご家族としても病気の人の看病をしているとやはり、苦しそうだとか、つらそうだと感じるものです。また、死んでほしくない、回復して元気になってもらいたいという周囲の思いが強くなりすぎると、それが執着となってしまい、死にゆく人も、そのご家族も両方がつらくなってしまいます。

ご家族としても、この段階では「聖なるあきらめ」をもって大切な人の死を受け入れていくようにしていくことが重要です。周囲の人の影響は大きいので、ご家族の心の準備が整ってくると、病気の本人も自然と覚悟を決めていくことができます。

ですから、死にゆく人を元気づけようとして無理に励ますような言葉をかけたり、逆に腫れものに触るように変に気を遣って接するのは、避けたほうがいいでしょう。本当に自然に、当たり前のように、普段通りに死にゆく人に寄り添っていくのです。

状態を見ながら、病気の人が「苦しい」と言ったなら、「がんばって」などと言わず、「苦しいね」と言うようにして、本人の言葉と気持ちを大事にしていきます。

同時に、最後まで希望は捨てずに、「お母さん、今日は顔色がいいよ」と言ってあげたり、体で痛むところがあれば、その部分をさすってあげながら、「お父さん、だんだんラクになってくるからね」と言ってあげる。そうして、本人もご家族も静かな心で死を受け入れる準備をしていくことが大切です。

余命3カ月の結婚

四番目が、「仲よし時間」をともに過ごして家族で幸せな最期を迎える、最終の段階です。

私が主催している「国際コミュニオン学会（NPOコミュニオン）」のワークショップやセミナーで熱心に勉強をしていたYさん。当時40代前半の彼女は、とても聡明で気品のある女性でした。

一昨年の冬、いい人との出会いがあり、その年のクリスマスにプロポーズされました。はにかみながら報告してくれたYさんはとてもうれしそうで、そのときの笑顔が今でも思い出されます。

翌年の6月に結婚式を挙げるために準備をしていたときでした。5月頃に体の不調を感じたYさんが病院に行くと、医師から思いもよらない診断が下されました。

「残念ですが、すでにガンが全身に転移しています。余命は3カ月ほどだと考えてください」

これからのことについて、すぐにご両親とフィアンセのTさんとを交えて話し合いをしました。Yさんは、「もうすぐ死ぬのだから、私なんかとは結婚しないほうがいい」と話しました。

するとTさんが言いました。

「それでもいい。残された時間を夫婦として君とともに過ごしたい。結婚しよう」

彼の思いに心を動かされたYさんは、Tさんと結婚することを決意しました。

1カ月後、二人の結婚式は和やかで、あたたかい雰囲気のなかで行なわれました。ベールを被り、ティアラをつけたYさんはとても美しい花嫁でした。

しかし式の間、ティアラを頭につけているだけでも重くつらいと感じるほど、Yさんの病状は進行していました。

結婚式のあと、幸せな新婚生活は叶わず、Yさんは緊急入院することになりました。夫のTさんにとっては、死を待ちながら病室で過ごす妻との時間が新婚生活でした。

亡くなる少し前、私がお見舞いに行くとYさんは、とてもよろこんでくれました。思いのほか体調はよさそうに感じました。

「先生、来ていただいて、うれしいです。私は先生の勉強会で学んできましたから、今、心はとても静かです。でも……」

Yさんの「仲よし時間」が始まったようでした。私は彼女の手の上にそっと自分の手を添えて、静かに彼女の話に耳を傾けました。

「私は結婚をあきらめていたわけではありませんでしたが……去年のクリスマスに彼からプロポーズされるまで、自分が結婚するなんて思ってもいませんでした。でも、あんなにいい人に巡り会うことができて、すばらしい結婚式ができて、私は今、人生で最高の幸せを感じています。

だから本当は……彼のためにも、あたたかい家庭をもちたかった。できれば子供もほしかったけれど、もう無理なんですね。でも本当は、私はもっと生きたいとも思っています。こんな気持ちは生まれて初めてです」

自分の死を悟りながらも、健気に夫のことを思うYさんを愛おしく思いました。そして、彼女の命が今、この上もなく美しく、尊く燃えているのを感じていました。

私は、心に秘めた思いを打ち明けてくれたYさんの体力と気力が回復するように眠りを促しました。すぐに眠りに落ちて、静かに寝息を立てるYさんを見届け、私は病室をあとにしました。

眠るように天に召された花嫁

数日後ご主人から、Yさんが危篤に陥ったとの連絡をいただきました。私は、どうしても外せない会議があったため、翌日の午後に急いで病院に向かいました。

病室にはYさんの傍らに、ご両親と夫のTさんが寄り添っていました。苦しそうにあえぐYさんを見守りながら、ご家族の願いをTさんが代弁しました。

「もうこれ以上、苦しませたくないのです……本当に、やすらかに旅立ってほしい。今となっては、それだけが私たちの願いです」

私はYさんの胸に軽く手を置き、ゆっくり呼吸を合わせながら、すでに意識のない彼女の耳元で話しかけました。

「Yさん、これからご両親とご主人と、みなさんがあなたのためにお祈りをしますからね。あなたは独りではないから安心してくださいね」

すると、それまで苦しそうにあえいでいたYさんの呼吸が静かに落ち着いてきました。意識はなくても、確かにYさんには聞こえているのです。私は、ご家族のみなさんに最後の祈りを捧げるよう促しました。

祈りの言葉に満たされた病室は、外界とは切り離された小宇宙のように静かに時を刻み始めました。私は、すべての苦しみから解放されたYさんの魂が自由に、永遠のうちに生き続けることを祈りました。

最後にご家族への祈りを捧げ、私たちとYさんの「別れの儀式」は終了しました。苦しい延命治療は行なわず、Yさんはまるで眠るように静かに亡くなりました。

顔を上げたYさんのお母さんが言いました。

「お父さん、Yの目をつむらせてあげて」

お父さんは無言でYさんの顔を見つめながら、深く慈しむように、そっと目を閉じてあげました。お母さんはYさんの頬にやさしく触れながら、最後の言葉をかけました。

「Yちゃん、あなたは本当にいい子だった。私の子供に生まれてきてくれて、ありがとう」

清拭（エンゼルケア）が行なわれている間、私たちは廊下で時を過ごしました。ご両親と夫のTさんは放心状態のまま、無言で佇んでいました。

すると、Yさんの友人が5人、お見舞いに駆けつけてくれました。残念ながら死に目には会えませんでしたが、みなさんが輪になってYさんの思い出話を語り合いました。

Yさんには、こんなひょうきんな面があったとか、みんなで旅行に行ったときのエピソードなど、Yさんの生前の話を聞くことができて、ご家族にとってはとても大きな慰めになったようでした。

じつは、このときのご家族へのケアはとても重要です。まだ大切な人の死を受け入れることができず、気持ちの整理もついていない状態ですから、このとてもつらい時間に誰かがそばにいてくれる、寄り添ってくれることは、残された人にとっては救いとなり、慰めになります。

励ましの言葉を言う必要はありません。特別に何かを話さなくてもいいので、親しい人が亡くなったという連絡があったときは、そのご家族のためにも、できるだけ早く駆けつけて、寄り添いながら心のサポートをしてあげるといいと思います。


Yさんの葬儀が行なわれたのは、よく晴れた爽やかな日でした。夫のTさんは、こんな話をしてくれました。

「わずか3カ月だったので結婚生活とはいえないかもしれませんが、私はYに出会えて本当に幸せでした。じつは当初、私の両親はこの結婚に反対でした。それはそうですよね。でも彼女に会ってくれて、素朴で飾らない彼女の人柄をわかってくれてからは、私たちの気持ちを認めてくれたのです。

3カ月で別れることになってしまいましたが、彼女との時間は私にとってかけがえのないものでした。彼女は本当に大きなものを私に残してくれたのです」

大切な人との死別は、もちろん悲しいことです。しかし、残された人にとっては、かけがえのないものを残してくれる「恵み」でもあります。

それは、人へのやさしさであったり、日々の当たり前のことへの感謝の気持ちであったり、ありのままに生きる大切さや、人としての本当の強さ、心の豊かさなどです。

愛する家族がいて、毎日おいしいごはんを食べることができて、あたたかな布団で寝ることができる。当たり前と思っている日々のあれこれが、いかに奇跡的で幸せなことなのか、失って初めて気づくこともあります。

そうした気づきの一つひとつが、人としての本当の成長につながる尊い経験であり、さまざまな葛藤を抱きしめて生きていくのが人間だと思うのです。私はそこに、絶妙な「神の計らい」を感じずにはいられません。

私は、天に召されたYさんの魂が死後も永遠に輝き、大切な人たちを照らし続けてくれるよう、そっと祈りました。

死にゆく人の言葉に耳を傾ける

病状が深刻になっていき、いよいよという段階に入ってくると、ご家族としてもどのような言葉をかけてあげたらいいのか、わからなくなる場合もあると思います。

しかし、先にもお話ししたように、この段階では「がんばれ」だとか「病気に負けてはだめだ」というような励ましの言葉や、「死なないで」といったような言葉をむやみにかけたりしないほうがいいでしょう。

死にゆく人は自分を静かに見つめる自分と、家族を悲しませたくないという自分が葛藤して、その板挟みで苦しんでしまうからです。

では、どうすればいいのでしょうか?

第3章でもお話ししましたが、「仲よし時間」では死にゆく人の言葉に静かに耳を傾け、聞くことに重点を置くようにします。「まずは相手の話を聞く」ということを自分の心のなかで決めることが大切です。

「神は、口は一つしか創られなかったが、耳は二つ創られた」という格言があります。これは、人の言うことをよく聞くことが大切で、余計なことはしゃべらないようにするべきだという意味です。

しかし、人の話をしっかり聞くことができる人は、じつはあまりいません。話したいことがたくさんあって、自分の話を聞いてほしい人はたくさんいますが、人の話をよく聞いて、相手の本音や素直な気持ちを引き出すことができるような「聞き上手」な人は、なかなかいないものです。

死にゆく人の気持ちも揺れ動きます。昨日は明るい表情をしていても、今日は憎しみや悔いにとらわれて心が暗く沈み、聞いていてつらい言葉を発することもあります。

そうした場合は周囲の人も動揺しがちです。死んでゆく人より、その動揺は激しいこともあるでしょう。

動揺してはいけない、と言っても、無理かもしれません。けれど心を強くもって動じず、かすかなことでも敏感に気づき、自分のほうから「仲よし時間」をつくってあげてください。

お母さんが亡くなるのであれば、つらい話を聞いたうえで、楽しかった思い出を話してあげたり、幼いころにお母さんがよく歌ってくれた歌を耳元で歌ってあげたりするのです。「お母さんの卵焼きが大好きだよ」という言葉でもいいでしょう。

「仲よし時間」は、残される者の最後の贈り物です。「仲よしで死にたい」という気持ちは、人の本能なのです。

そうすればきっと、贈り物が返ってきます。立派な言葉ではなく、「ありがとうね」という小さな囁きかもしれません。目元に浮かぶかすかなサインかもしれません。そのサインを受け止めてあげましょう。

受け入れること、ともにいること

以前、ある高齢のドイツ人の神父様に、なぜ聖職者になったのかお聞きしたことがありました。彼は、過去を慈しむように、こんな話をしてくれました。

優秀な教育者の家系に生まれた彼は、一族のなかでは成績が悪く劣等生だったといいます。親は兄たちと彼を比べて、「もっとがんばれ、もっと勉強しろ」とよく言っていたそうです。

小学校の高学年になり、日本でいうところの一学期が終わり、明日から休みという日、担任の先生から通知表が渡されました。中を開いてみると案の定、成績はひどいものでした。憂鬱な気分で家に帰りましたが、どうしても家のなかに入る気にはなれません。また学校の成績のことで親に怒られるのは目に見えていたからです。

すると、かわいがっている愛犬がうれしそうにシッポを振りながら、彼のところに駆け寄ってきました。彼は家に背を向けて、そのまま犬を連れて歩き始めました。

あてもなく歩き続けて疲れた彼が草っぱらに腰をおろすと、犬は隣にちょこんと座り、つぶらな瞳で彼の顔を見ています。彼は犬を抱き寄せて、素直な気持ちを話し始めました。自分なりにがんばっているけれど、どうしても成績が上がらないこと、優秀な兄たちと比較されるのがとてもつらいこと。

愛犬は黙ってじっと彼の話を聞いていました。犬ですから、批判もしないし、人と比べてああだこうだとも言いません。ただそばにいて、大好きな彼のことをやさしく受け止めてくれました。

彼は心に溜めていた思いをすべて犬に話すと、心がスッキリと軽くなっていました。そのとき、ふと彼は大きな気づきを得たといいます。

神父様は、こんなふうにおっしゃっていました。

「願っても、祈っても、神様は何も言ってくれないし、黙ったままだ。でも、この犬と同じように、いつでも僕を受け止めて、見ていてくださる。僕が思うことをいつも聞いていてくださる。

そう思うと、自分は自分のままでいいのではないか、という気持ちがして、とてもラクになりました。勉強ができなくて、親から怒られてばかりの劣等感の塊のような自分を愛しく感じたのです。

そのとき私はわかりました。これが神の愛なのだと。全身全霊で聞き、受け入れること。そして、相手とともに存在すること、これこそが愛なのだと。この神の深く、大きな愛を、苦しんでいるたくさんの人に伝えていくことが自分の使命なのではないかと思ったのです」

大切なのは、ともにいて、そして聞いてあげることなのです。

死にゆく人には、家族への愛情や思いがあり、多くの伝えたいことがあります。また、過去の出来事への後悔の念や死への恐怖など、さまざまな思いを抱えています。

「本当は、こんな人生を送りたかった」

「ケンカ別れしたあの人に謝って、仲直りがしたい」

「子供たちのこれからが心配でたまらない」

「自分の死後も家族は仲よくして、幸せになってほしい」

本当にたくさんの思いです。

ですから周囲のご家族は、まず死にゆく人の言葉に耳を傾けて聞いてください。あなたに聞く意識がセットされ、相手の話を受け入れる気持ちが整えば、死にゆく人は自然に、自分の思いを語り始めます。そして、答えを自分で導き出していきます。そうすると、死にゆく人との「仲よし時間」は幸せのうちに完了します。

あなたは、死にゆく人のありのままを受け入れ、相づちを打ちながら、ただいっしょにいて、静かに話に耳を傾ければいいのです

最後まで耳は聞こえている

死にゆく人が、言葉を発することができないこともあります。その場合は、こちらが優しく声をかけ続けます。

病気や失業、借金など、生きていると人はさまざまな苦みや悲しみを経験しますが、そのなかでも、もっともつらいのは、人から見放されたり、人とのつながりがなくなってしまう孤独の苦しみでしょう。

死というこの世の人生での最後の大仕事を完成させて、死にゆく人は次の生の世界に入っていきます。しかし、死が近づくにつれ、「家族ともう会えない」「この世から自分が消えてしまう」といった深い孤独感に襲われます。

そうした気持ちを少しでもラクにするために、私は死にゆく人との「仲よし時間」では最後まで、「あなたは独りではない、孤独ではない」という言葉をかけ続けます。

戦前から戦後にかけて、日本人神父の育成に尽力された、ソーヴール・カンドウ神父様という方がいらっしゃいました。戦後は新聞で論説の連載をもち、ラジオ出演などもして、神父として当時の日本でもっとも知られていた方です。

カンドウ神父様は、1897(明治30)年にフランスのバスク地方に生まれ、27歳のとき、初めて日本の地を踏みました。その後、第二次世界大戦が勃発したためフランス軍に召集され帰国。日本に対する諜報活動を求められましたが、これを拒否したため従軍司祭として戦地に送られました。

あるとき、戦地で負傷した際、カンドウ神父は臨死体験をしたといいます。幸いにも、轍に入ってなんとか助かったのですが、自分の上を戦車が通っていく様子を見ていたといいます。

担架をもった救急兵が自分を見つけてくれたものの、「あぁ、もう死んでいるから無駄だ」と言って自分の体を蹴飛ばした際の声や周囲の音もすべて聞こえていたのだそうです。

実際、医学的にも心臓が停止したあとの数分間、脳は活動しているという研究報告や、心臓停止後に蘇生した人の約40%に意識があり、音が聞こえていたという調査結果も出ているようです。ホスピスなどで働く方のなかにも、亡くなる最期まで人の耳は聞こえているという経験をしている方もいらっしゃいます。

私のこれまでの経験でも、意識のない状態の人に手を握りながら語りかけると握り返してくれたり、目や口元がピクリと動いたり、家族が話しかけると心電図が大きく反応するということが何度もありました。

死にゆく人の耳は、最期まで聞こえています。ですから、ご家族などは死にゆく人に最後まで声をかけ続けてほしいのです。

『聖書』の「ルカによる福音書」には、「何を言おうかと心配しなくていい。言うべきことは、聖霊がそのときに教えてくださる」という言葉があります。

死にゆく人に何を話せばいいのかと心配する必要はありません。いつも自分たちがそばにいるから独りではないことを伝えて、安心させてあげることが大切です。それは意識がなくなり、いよいよ死が迫ってきたときも同様です。

親に対してであれば、自分が子供のころにいっしょに遊んだり、旅行に行ったりした思い出など何でもいいと思います。親から言われた大切なこと、たとえば生きていくうえでの哲学であったり、大切な言葉であったりを、「お父さんはよく、こんなことを言っていたよね」とか「教えてもらったことは、これからも大切にしていくよ」というように話しかけてあげてもいいでしょう。

感謝の言葉や仲直りの言葉も大切です。親が亡くなってしまえば、もう二度と会えないのですから、この時間を大切にして、今まで言えなかったことを伝えるといいでしょう。

親子関係がうまくいかなかったご家族もあるでしょう。近年では「毒親」などという言葉もよく聞きます。すれちがってしまった親子関係や仲違いしてしまった母娘なども少なくないようです。

そうした場合であっても、「今までお母さんの存在が鬱陶しかったけれど、本当は感謝している」とか、「仲が悪かったけれど、本当に嫌いなわけがない。ごめんなさい」などと話しかけて、和解ができるといいと思います。


そして、もうひとつ大切なことは、最後まで病室、あるいはご自宅を「明るい気」で満たしておくことです。

「明るい気」といっても、死にゆく人とは関係のない話で笑ったり、盛り上がったり、ということではありません。死にゆく人を中心に、その人が心のなかで昔を思い出すようなこと、聞いたらうれしいことなど、その場があたたかくなる話がよいでしょう。

死にゆく人は、自分が死んだあとも家族に幸せでいてほしいと願っているものです。意識があろうとなかろうと耳は最後まで聞こえているのですから、次のような言葉をかけてあげるといいと思います。

「これからも家族全員で仲よく、力を合わせて生きていくから安心してね」

「これからもずっと、私はお母さんを思い続けていくよ」

「産んでくれて、ここまで育ててくれてありがとう」

「お父さんは僕が生きる力と知恵を与えてくれた、ありがとう」

家族が希望をもって、これからも生きていくことを宣言して、死にゆく人が安心できるような言葉であなたの思いを伝えていただきたいと思います。

死にゆく人を眠りに誘う理由

病人の体に手を当てて、呼吸を合わせて祈りを捧げると、みなさんが5分以内で静かな寝息をたて始めます。「眠っている間に回復力が大きくなりますからね」と言って眠りに誘うと、安心できるのです。

私が眠りを促すのには二つの理由があります。

ひとつは、眠ることで体力の回復をはかり、体を癒すためです。病気の人は自己免疫力が落ちていて、体力の消耗も激しいですから、少しでも回復させてあげるためには眠ることが大切です。

そして、もうひとつが、魂のエネルギーの回復です。

以前、あるドキュメンタリー番組を見ていてハッとしたことがありました。テレビのなかで語っていたのは90歳くらいのロシア人女性でしたが、彼女はなんと47年もの間、眠ることができなかったのだといいます。

ベッドに入ると気分が悪くなるため、本を読んだり、編み物をしたりして長い夜を過ごしたそうですが、彼女は、身体の痛みや苦しみよりもつらいことは孤独だと感じたといいます。

夜中に一人で過ごす孤独ではありません。それは、この世のすべての人から切り離された深い孤独だといいます。彼女の話は次のようなものでした。

「寝ている間、人間は意識を超えた深い世界に入ります。そこで人はエゴから離れ、すべての人類が共有する無意識の世界に入ります。そこでは共通の命を生きるので、すべての人とつながり、愛を分かち合い、魂の栄養をもらいます。だから、よく眠れた日の朝は、みんながすっきりして元気になるのです。これが眠りの本当の意味です。

私は47年間も真の孤独を味わい、今再び眠りを取り戻したことで愛の本質を理解することができました。生きているだけで私は無償の愛を与えられているのです。

やがてこの世を去ると、さらに深い愛のつながりの世界に入っていくことができる。その思いが私の生きる源泉なのです」

これは第1章でもお話ししましたが、眠っている間にすべての人類はつながり、無意識の部分を共有しているという、心理学者のカール・ユングが提唱した「集合的無意識」のことだと思いました。


私がシスターになるために「修練」していたころ、毎週木曜日には聖堂で夜を徹して祈りを捧げる「徹夜の祈り」がありました。硬い板の上にひざまずき、何があっても沈黙して、身動きはいっさいしてはなりませんでした。

当時は、このつらい祈りも神とつながるための修行だと考えていました。しかし、眠りの本当の意味を考えていくと、シスターたちは「徹夜の祈り」で、人々が眠りについている間に人類全体に愛の波動を送り続けていたのだとわかります。

実際、死にゆく人は常に、あの世とこの世を行き来しているので、魂の世界でもエネルギーをチャージされて癒されているのだと思います。

もし、死にゆく人が眠れないというのであれば、不安を感じていることがあるからかもしれません。その原因となっていることを解消してあげることも、ご家族にとっては大切なことだと思います。

祈りの本当の意味

「祈り」というと、みなさんはどのようなイメージをもっているでしょうか。

日々、シスターたちが捧げているものが祈りでしょうか？　信仰のあるクリスチャンが教会で行なうものでしょうか？　それとも、何か困ったことがあったときに「助けてください」と念じたり、何かの願望があるときに「お願いします」と思うことが祈りでしょうか？

じつは、どれも間違ってはいません。これらすべてが祈りだと私は考えています。

そもそも、カトリックにおける祈りとは、「感謝」と「賛美」です。神様がこの世界を与えてくださり、自分を生かしてくださっている。家族や恋人など大切な人を与えてくださっている。毎日、おいしいごはんを食べることができ、お風呂に入り、あたたかい布団で眠ることができる。こうした当たり前の幸せを与えてくださっていることへの感謝です。

賛美とは、辞書的にいえば「ほめたたえる」ことですが、もっとシンプルに考えれば、「いいな」と思う気持ちのことです。

たとえば、朝日や夕日や美しい花々を見て「きれいだ」と思うことは、その自然を創っている、人知を超えた存在である神を賛美することになりますし、おいしいものを食べたときに、素直に「いいなぁ、幸せだなぁ」と思うことも神への賛美になります。

死の危機に瀕している家族を「助けてください」と思うことも、大切な人がやすらかな死を迎えてほしいと思うことも祈りです。自分個人の願望は動機が不純で、聖なるものではないから祈りとはいえない、ということはないのです。

家族の病気が快復したなら感謝する。病院から家に帰ってこられて、また家族そろって楽しい時間を過ごすことができたら感謝する。それらもすべて祈りになります。

そして、死にゆく人が親であれば、「産んでくれて、ありがとう」「ここまで育ててくれて、ありがとう」と言葉で伝えることも祈りとなります。その親に死が近づいているならば、毎日少しでもいっしょに過ごして、よろこびを分かち合い、感謝することも祈りとなります。

『聖書』の福音書のいちばん最後に、イエス・キリストが弟子たちに語った言葉があります。「よろこびを分かち合いなさい。私は、あなたたちによろこびを与えたから、あなたたちは、そのよろこびをみなで分かち合っていきなさい」

ぜひ、毎日、10秒でも1分でも、1回でも2回でも感謝する、いいなぁと思う、そうしたことを習慣づけていってください。そして、死にゆく人との時間を大切にして、感謝して、よろこびを分かち合ってください。そうした思いはまた波動となって、全世界の人々に伝わっていくと私は信じています。

最期のとき、残される人の覚悟

本章の前半でも、延命治療などについては、まだご家族が元気なうちから何度も話し合って、いざというときにどうするのかを決めておくことが大切だとお話ししました。

しかし、いざ大切な人の死という現実と向き合うとき、平常心でいられて、冷静に的確な判断ができるような人は少ないのではないでしょうか。

やはり残されるご家族としては、死にゆく人が望む最期を看取るために現実的な覚悟を決めておくことが、もっとも重要なことだと思います。


医学が進歩したことで、現在ではある程度、死期を引き延ばすことができるようになっています。しかし、緩和ケアの医師の方とも話すのですが、やはり最期はできるだけ苦しまずに逝くのがいいと思います。というのは、痛みは人格を破壊してしまうからです。また、激しい痛みをともなう苦しみは、魂にも影響すると私は考えています。

実際、人生の最期では延命措置を望まない、という人は増えています。

内閣府が公表している統計データによると、65歳以上の人で「少しでも延命できるよう、あらゆる医療をしてほしい」と回答した人の割合は4・7％。それに対して「延命のみを目的とした医療は行なわず、自然に任せてほしい」と回答した人の割合は91・1％となっています。

1週間、2週間、長生きをするために苦しい延命措置を選ぶよりも、穏やかな死を望む人が多くなっていることは時代の必然なのかもしれません。

ところが時代の変化とともに、また新たな問題が生まれているようです。たとえば、次のようなケースで考えてみましょう。

ホスピスで緩和ケアを受けていた末期のガン患者の方が外泊許可を得て、週末に自宅に帰りご家族と過ごしていたところ容体が急変し、心肺停止状態になってしまいました。

本人もご家族も延命治療は望まないことで考えは一致していました。ところが、自宅で心肺停止という緊急事態が起きたため、気が動転してしまったご家族がホスピスの主治医に連絡せずに、救急車を呼んでしまいました。

現場に駆けつけた救急隊員が、蘇生措置を行なうかどうかの意思確認をご家族にしたところ、「助かる可能性があるなら、お願いします」と告げました。

救急隊員は救命という任務を遂行するために人工呼吸や胸骨圧迫（心臓マッサージ）、気道へのチューブの挿入などの救命措置を行ない、患者さんはそのまま救急病院に搬送されました。

救急病院の医師には、患者さんのこれまでの人生や人格、価値観はわかりませんが、医師の使命として命を救うために最善を尽くそうとします。ご家族としては、この緊急事態という現実のなかですべてを医師に任せたため、患者さんには人工呼吸器などがつけられ、望まないはずだった延命治療が施されてしまった、というケースです。

各地方自治体の法令の違いや、救急隊員や救命医師の判断の違いなどにより、さまざまなケースがあるようですが、いずれにせよ結果としては、死にゆく人が望んでいた穏やかでやすらかな死という最期は叶わず、苦しみのなかで亡くなってしまうということが増えているようです。

また、救急隊員としても救命のために現場に駆けつけたものの、ご家族から心肺蘇生を拒否されて戸惑ったり、任務として救命措置を行なったものの、はたしてそれが正しかったのかどうか、患者さんとご家族の価値観を否定して、やすらかな死の邪魔をしてしまったのではないか、といった思いに駆られてしまうといったケースもあるといいます。

今後、こうした問題はさらに増えていくでしょう。ごく一般的な感覚として、大切な家族が心肺停止という事態となれば、やはり救急車を呼ぶのは自然な行為ともいえるからです。

現実的には、こうした死の間際のことは想像するのはむずかしいものですし、予行練習をしておくこともできません。

しかし、死にゆく人とご家族が幸せな最期の実現を望むなら、まずは知識を得ること、そして家族の間で疑問や不安があれば、そのつど解消していくことが大切です。そのためには、主治医や看護師、介護士の方々ともしっかりコミュニケーションをとっていくことが必要です。


いざというときに覚悟を決めるのはむずかしいものです。ですから、この世での大切な人との時間が残り少なくなってきたなら、何を捨てて何を残すか、つまり何をもっとも大切にするかを考え、決めていく必要があります。

人間はすべてのことを手に入れたり、すべての願いを叶えることはできません。大切な人との時間は有限です。「聖なるあきらめ」をもって、何をもっとも大切にするかが決まれば、自ずと覚悟も決まってくると思います。

人にとって死は人生最後の大仕事であり、最期のときをどう迎えるかは人間にとっての尊厳に関わる重要なことです。大切な人を失う悲しみ、怖れに支配されて、自分の感情に押し流されてはいけません。

死は、変えることのできないものです。腹をくってしっかりと受け止めるのです。人は、死に直面することによって成長していきます。

死にゆく人がもっとも望んでいることは何なのか。その人らしく生き、そして死んでいくとはどういうことなのか。そのためにご家族は何をするべきなのか。

一人ひとりが問い続け、心に決めていくことが、これからますます大切になってくると思います。

第5章

死があなたに教えてくれる大切なこと

人が幸せになる秘訣は「三つの絆」を結ぶこと

死にゆく人を幸せに看取るという、人生でとても尊く、大切なことをやり終えたあなたに、お伝えしたいことがあります。

それは、あなた自身も、これからの人生で幸せになってほしいということです。

そこで、本書の最後となるこの章では、残されたご家族が前を向いて、幸せに生きていくために大切なことについてお話ししていきたいと思います。

誰も、死を避けて通るわけにはいきません。もちろん、大切な人の死は悲しいものです。しかし、あたたかい雰囲気のなかで死にゆく人を穏やかに看取り、現実を受け入れていくとき、死というものは、私たちに多くのことを教えてくれます。

つらく苦しいこと、悩み戸惑うことこそ、私たちが成長していくために必要な「種」であるといえるのです。

その「恵み」を受け取り、育てていくためにまず大切なのは、「自分との絆」「他者との絆」「大いなる存在との絆」という「三つの絆」を結んでいくことです。

自分との絆とは、先にもお話ししたように自分を責めたり、自分と戦うのではなく、自分と仲よくすることです。

自分との絆がしっかりと結ばれている人は「自分は自分」と、いい意味で割り切ることができます。だから、人と比べて自分を卑下したり、劣等感をもったりしません。「あの人はあの人、私は私」「自分は自分のままでいい」というように、ありのままの自分で生きていくことができます。

他者との絆とは、そもそも人間は一人では生きていけないことを知ること、そして同時に一人ひとりの人間にはすばらしい個性があり、そうした他者によって自分自身も生かされていることを知って、理解することです。

自分との絆を結んでいる人は心があたたかですから、とても魅力的です。いっしょにいると安心できるし、楽しい気持ちになってきます。そうした人には自然と人が集まってきますから、孤独とは無縁です。

そうした人は、他者の悪い面だけでなく、いい面もしっかり見て価値を見出すことができるので、自分は自分と理解しながら、お互いに依存することなくつきあっていくことができます。

他者とも心地いい関係を築いていくことができれば、お互いに成長していくことができ、絆も結ばれていきます。

そうした人同士は、幸せな関係を結んでいくことができるので、他者の幸せのためにも進んで行動することができるのです。

大いなる存在との絆とは、自分も含めたすべての人はひとつにつながっていて、人知を超えた存在に生かされていることを悟るということです。

『聖書』の「創世記」には、「神は愛と幸福を分かち合うために、自分のかたちに似せて人を創った」とあります。そして、「神は良しと見給もう」とあります。

神はすべての人間を「良し」と見てくれている、一人ひとりを尊い存在だと思ってくれているのです。それなのに、「自分はダメな人間だ」「自分には何の価値もない」などと自分を卑下して貶めるようなことを考えたり、言ったりするのは、私にはとても傲慢な態度だと思えます。

神は目に見えないではないか、と言う人がいます。

では、目に見える世界がすべてなのでしょうか。目に見えることだけで、あなたの人生は成り立っているのでしょうか。空気や人の思い、感情などは、目には見えないものです。死というものも目には見えず、しかし人は自分の力では死をコントロールすることもできません。

いずれにしても人間は、ただひとり自分だけで生きているわけではありません。生かされている命であることを感じ、そのことを自覚することが大切なのです。

幸せへの第一歩は自分を責めないで仲よくすること

大切な人を看取ったあと、あなたの心にはさまざまな思いが込み上げてくると思います。

「私がしたことは本当に正しかったのだろうか」

「もしかして、私は間違ったことをしていたのではないか」

「ラクにしてあげるはずが、じつは苦しめていたのではないか」

こうした自分への疑問は、過去への後悔に変わっていきがちです。

「なぜ、あのとき気づいてあげられなかったのだろう」

「なぜ私は、もっと早く病院に連れていってあげなかったのだろう」

「本当に望んでいたことは何だったのか……もっとわかってあげればよかった」

そして、自分を責める気持ちに耐えられなくなると、今度は自分の抱える苦しみや不安を他者のせいにしたり、怒りに変えてしまいます。

「私も忙しくて、疲れて大変だったのに、誰も手伝ってくれなかった。助けてくれなかった」

「私は精一杯やったのに、誰も感謝もしてくれないし、認めてもくれない」

「悪いのは私じゃない、全部あの人のせいだ」

こうした思いや感情が堂々巡りになると、負のループに囚われてしまいます。自分を責めるということは、自分が自分とケンカしている状態ですから、心の中が常に戦場のようになっているのです。

自分自身と仲よくなれない人は、他者の文句や愚痴ばかり言ってしまいがちです。そうした人のまわりからは、どんどん人が離れていくので、他の人とも仲よくなれずに孤立してしまいます。そうして、さらに負の連鎖は続いていくのです。


人が幸せになるためには、まず自分自身と仲よしになるコツを学ばなければいけません。大切な人の死という、つらく苦しい経験を乗り越えていくためには、過去に囚われて、「こうすればよかった」「あんなことはしなければよかった」と思わないこと。「～たら」「～れば」と自責の念をいくら深めても何の解決にもなりませんし、何の役にも立ちません。

たとえば、テーブルの上にあったコーヒーカップを落として割ってしまったとします。魔法を使えるわけではないのですから、壊れたものは、もう元の形には戻りません。

こんなときは、「聖なるあきらめ」で、問題をあきらかにするのです。

「あんなところに置かなければよかった」とか「自分は、いつも失敗ばかりしてダメな人間だ」というように自分を責める方向に向かわずに、「壊れたものはしょうがない」「これから気をつけよう」「ちゃんと片づけておくようにしよう」と、何事も前向きに考えるようにします。

人間は強くもあり、同時に弱い存在でもあります。すべてを完璧にこなすことなどできないのですから、「上手にできなかったことは自分の限界だった」と、あきらめましょう。そして、「自分は精一杯がんばった」と認めてあげてください。

大切な人をしっかりと看取ることができなかったという思いがあるなら、それはこれからの人生であなたの成長を促してくれていることだと考えましょう。それこそが、死が私たちに与えてくれる大きな恵みの一つなのですから。

亡くなった人は、そういうこともよくわかって、あなたを許して、認めてくれています。肉体を脱ぎ捨て、魂が解放されていますから、亡くなった人は時間やこの世的な感情からは自由になっています。そうした魂は過去に囚われていないので、人を怨むようなこともないのです。亡くなった人の怨念などというものは、生きている人の罪悪感がつくりだした幻影にすぎません。

亡くなった人は残された家族を怨むどころか、常に見守り、愛を送っています。だから、あなたは自分を責めたりしなくても大丈夫なのです。

見方を変えることで新しい価値がもたらされる

ブラックオニキスという鉱石があります。磨きをかけると漆黒に輝く色味と光沢が美しいパワーストーンとして、ご存知の人も多いでしょう。キリスト教の世界では、ロザリオに使われることも多いものです。古くは、旧約聖書や歴史書などにも登場します。

古代より邪気を払う魔よけの石として、ブラックオニキスは持ち主を守護してくれると信じられてきました。また、自分の内面にある悪感情などのネガティブなものを吸いとり、集中力を高め、冷静で正しい決断に導く力があるともされています。

歴史や文化の違いによって、人間は物事の意味合いをさまざまにとらえるものです。ブラックオニキスも、黒というその色から、魔よけの守護と考える国がある一方で、別れをもたらす不吉なものととらえる国もあるようです。

しかし、一つの見方に囚われていては物事の本質を見誤ってしまうことがあります。自分のとらえ方次第で何事もポジティブにもネガティブにもなるのですから、さまざまな物事はその組合わせ次第で、また新たな意味や価値を見出すことができます。

たとえば、ブラックオニキスであれば、別れをもたらす不吉な石ととらえるのではなく、この世での役割を終えた関係をきれいに終わらせるための決意をうながしてくれるもの、悪縁を断ち切ってくれるもの、もうお終いにしたい関係を清算するための決断を後押ししてくれるもの、ととらえることができます。

そうすると、またそこに新しい意味や価値が生まれてくるのです。

死というものも、日本ではいまだに不吉で縁起の悪いものだととらえる風潮があるように思います。確かに、死は楽しいことや愉快なことではありませんし、別れはつらく悲しいものでもあります。

しかし、視点を変えて見てみれば、死が教えてくれる大切な意味があり、与えてくれる豊かな恵みがあります。

死にゆく人と確かな絆が結ばれたなら、死別というのはただ悲しいことではなく、残された人のこれからの人生に彩りを与えてくれる大切な宝物にもなるのです。

覚悟を決めることで生まれる自由

ある50代の女性、Iさんの経験談です。

彼女には90歳を越えた姑がいます。特別仲が悪いわけではありませんが、仲がいいということもないと言います。

そのうち姑さんは体が弱って介護が必要となり、自分でお風呂に入ることもできなくなっていきました。それでも、「介護施設には入りたくない、家にいたい」と言うので、Iさんは家事をこなしながら、姑さんをお風呂に入れるなどの介護を続けていました。

しかし、肉体的にも精神的にも介護をするのがつらくなりはじめ、口には出しませんでしたが、「早く亡くなってくれないか……」と思うようになっていきました。

あるとき、姑さんが転倒してケガをしたことをきっかけに介護施設に入ることになりましたが、週末には自宅に帰りたいと言います。

夫は一人息子でしたから、母親が帰ってくることをよろこびます。それなのに、母親の介護はほとんどIさんに任せきりで、何も手伝ってくれませんでした。

そうしたこともあり、Iさんは表面的には、とてもよく姑に尽くしながらも、「早く、あの世に行ってくれないか……」と本気で願うようになっていったそうです。自分が思うよりずっと、Iさんの心と体は疲弊していたのでしょう。


そんな日々が続くなか、Iさんは心のなかで自問自答をしました。

「老人の介護をするのは想像以上に大変だ。まさか、こんな日がくるとは思いもしなかった。なぜ私がこんなにつらい経験をしなければいけないのかと思うと悲しくなる。早くこんな生活からは解放されたい。

姑が憎いわけではないが、姑が早く死んでくれないかと思う気持ちは本心だ。でも、そんなことを考えている自分もイヤになる。そんなことを思うために自分は生まれてきたのではない。それに姑に対して死んでくれなんて思うことは、やはり人として正しいことではないだろう……」

するとIさんは、ふと気づいたと言います。

「でも、ここまできたら最後まで姑の面倒をみて、幸せにしてあげることが私の使命なのではないか。そうであるなら、イヤだけれど、とことん引き受けよう」

不思議なことに、そう思った瞬間、これまで心に溜まっていた不満や嫌悪感や苦しみが、すうーっと抜けていきました。人間としてのステージが確実に上がったことが自分でも自覚できたのだそうです。

おもしろいもので、そう気づいた瞬間からIさんの日常が変わっていきました。周囲の人にもやさしくなれたことで、それまで以上に交友関係が広がり、友人が増えたそうです。また、夫への不満は夫婦で話し合う機会をつくって、言葉で伝えるようにしました。そのおかげで、不要にストレスを溜めこむことはなくなったのです。

つらく苦しい状況がその人のなかで極限に達すると、突如その重みが逆転して、軽やかなものに変わることがあります。

私は、Iさんの気づきはとてもすばらしいことだと思いました。重要なのは、イヤだけれども覚悟を決めたこと。そして、人が覚悟を決めると、それを大いなる存在はちゃんと見ていてくれて、必ず救いがもたらされるということです。

Iさんは愚痴を言ったり、人を批判することをせず、またイヤだという自分の気持ちを否定しませんでした。自分の心を素直に見つめて、自分の気持ちを冷静に受け止め、理解したうえで自分との仲直りをしました。そのおかげで、Ｉさんには確かな自分との絆が結ばれたのです。

現実的にはいろいろな問題はあるけれど、それでも逃げずに現実を見て、今できる最善のことは何かと考えたとき、Ｉさんは自分が姑の介護を続けることだと思いました。そして、姑の介護をすることが自分の使命だと覚悟を決めたことで、逆にＩさんは魂の自由を得ることができました。

責任を負うことには、覚悟が必要です。でも自由を得ることで、その分、人生を豊かに楽しむことができます。

私たちは神でも聖人でもないのですから、すべてを愛で受け入れることはできません。それでも、この世で生きていくためには、他者との絆を結んでいかなければなりません。そのためには、自分に正直になりながら、覚悟を決めることも必要なときがある、そして覚悟を決めたときに自由を得られるということを、Ｉさんの経験は教えてくれていると思うのです。

このように、人間は常に日々の生活のなかで、大いなる存在の計らいとして成長の機会を与えられています。そうしたことに感謝しながら、一人ひとりが気づいて成長していくことがとても大切なのだと思います。

ドゥーイングの世界とビーイングの世界

「ドゥーイング」と「ビーイング」というものをご存知でしょうか？

シンプルに言うと、ドゥーイングとは「目に見える世界」のことです。また、お金やモノなどの条件付きで人が動き、そうした目に見えるもので人の価値を計る世界といってもいいでしょう。

たとえば、お金が儲かるからこの仕事をするとか、人から認められる、褒められるためにこれをする、というのはドゥーイングということになります。

一方、ビーイングとは「目に見えない世界」です。お金やモノなどの条件では動かない、無条件の世界での自分の思いや感情などの心の世界ということもできます。

ビーイングの無条件の世界では、誰もが許され、安心感や充足感、自尊心などが満たされ、「自分は自分のままでいい」と思うことができます。

あるがままにいることができる世界ですから、自分だけが得をすればいいとか、自分の欲のためだけに動く世界ではありません。よろこびや他者への慈しみ、感謝などによって人や物事が動いていく世界です。

「そんなユートピアのような世界は見たことがない。理想論だ」と言う人もいます。そんなとき、私はよくこんな話をします。

たとえば、自分の子供が重い病気や交通事故の被害にあって死の淵をさまよっているときに、「もっと勉強して偏差値の高い学校に入らなければダメだ」とか「勉強が遅れるから早く元気になってくれ」などとは思わないでしょう。「命さえあれば何もいらない。なんとか助かってくれ」と願うと思いますが、それは無条件で子供を思う親の愛のビーイングの世界です。

もちろん、ドゥーイングとビーイングは、どちらが正しくて、どちらが間違いということではありません。この世を生きていく私たちにとっては、どちらも必要なものです。

ただ、自分の人生を振り返るとき、ドゥーイング中心で生きてきたのか、それともビーイングを大切にして生きてきたのかで、その人の本質があらわになってきます。

本当に満足、納得して自分の人生を生きてきたのかどうか、死というものは一人ひとりに問いかけるのです。

死の間際に気づいた〝生かされている命〟

ある大手企業の創業者であり、長年社長を務め、功成り名を遂げたFさんという方の亡くなる間際のお話をしましょう。

Fさんは日本の高度経済成長期に小さな会社を立ち上げ、それこそ寝る間も惜しんで会社を大きくするために働いてきた人でした。血のにじむような努力のかいがあって、多くの人が知るような会社に成長させることができ、Fさんは大きな成功を手に入れました。

ところが、人生はすべてが順風満帆に進むわけではありません。それまで前だけを見て、エネルギッシュに突き進んできたFさんでしたが、病には勝てなかったのです。まだ60代半ばでした。

ある秋の日、末期のガンを患い入院していた病室に、私はお見舞いにうかがいました。

病室は特別室の立派な個室で、室内は仕事関係者や各界の著名人など多くの人や企業から届いたお見舞いの花で埋め尽くされていました。私がその光景に驚いていると、Fさんは静かに語り始めました。

「こんなにたくさんの花を贈ってもらってありがたいのですが……でも本心を言うなら、今の私にとって必要なのは、たくさんの花でも立派な病室でもないのです。ベッドが一つあれば、もうそれで十分なのです」

Fさんの仲よし時間が始まりました。私は静かに彼の話に耳を傾けました。

「不思議なもので……病気で倒れてから、私は物事の本質がようやくわかるようになった気がします。

多くの人が見舞いに来てくれます。それも、ありがたいのだけれど、病室に入ってきた瞬間にわかるのですよ、あぁ、この人はとりあえず建前や打算で見舞いにきたのだなと。やはり、うれしいのは、私のことを本気で心配して来てくれる人です。そういう人は特別、何を話すわけでもない。ただ、私との時間を静かに過ごしてくれて、すぐに帰っていく。でも、心をもってきてくれたことがわかるのです。

私は会社を大きくすることができて、立派な自分の家を建てることもできた。これまで、そうしたことが人生の成功だと考えて生きてきました。成功を求めて馬車馬のように走り続けてきました。でも、金やモノを追い求めるのは虚しい。

こうして病気になって、つくづく思うのは……本当に自分が望んでいたのは、こうした成功ではなかったのかもしれない。本当は……私はもっとゆっくりしたかった」

私は言いました。

「Fさん、その一言が言えて、よかったですね」

すると、Fさんは深くうなずきながら言いました。

「すべて自分の意志で生きてきたと思っていましたが、じつはそうではなかった。病気は自分の力ではどうすることもできない。生かされてきた命だったのでしょう。今、私はそれに気づくことができました。

生かされた命なら、あんなに不安に追いかけられる必要はなかった。流れに身を任せて、もっとゆっくり人生を味わえばよかった。でも、後悔はありませんよ。これが私の人生だったのですから」

そうして数日後、Fさんは穏やかに息を引き取りました。

人は亡くなる前に自分の人生を振り返ります。そして、過去を語ることでさまざまな囚われから解放され、自由になることができます。そのとき、自分にとって本当は何が大切だったのかに気づくことができるのです。それもまた、死が教えてくれる大切な恵みのひとつなのです。

当たり前のことを大切にすると本当の幸せが見えてくる

アルピニストの野口健さんが、ある対談で語っていたことに私はとても納得したことがありました。それは、極限状態での人間の心理についてです。

ご存知のように、エベレストは高さ８８４８メートルの世界最高峰の山です。だからこそ、世界でもっとも高い場所に登頂したいと望む人たちが世界中にいます。しかし当然ですが、エベレストに登るには大きな危険がともなうため、これまで多くの人が亡くなっています。

８０００メートル以上の世界は「デスゾーン」と呼ばれ、酸素濃度は平地の約３分の１しかないそうです。また、気温はマイナス35度にもなるそうで、そもそも人間が生きられるような場所ではないのです。

報道などでは、エベレストに登った人が捨てていくゴミが問題になっているようですが、じつはこのデスゾーンには、これまでに亡くなった人たちの遺体が寒さのために腐敗せず、そのまま残っているのだそうです。その数は200を超えるといいます。

登山者たちは、極度の寒さや高山病、滑落や雪崩などのリスクと隣り合わせのなか、至るところに残された遺体を見ながら山頂を目指し、登頂のあかつきには登山よりも危険だといわれる下山をしなければなりません。

そうした生と死の極限の世界で野口さんが思い出すのは、特別なことではないと言います。では、どんなことを思い出すのかというと、自宅で娘さんが小さいころに「パパ」といって抱きついてきたときの光景や、行きつけのラーメン屋の赤い提灯やのれんのような、ありふれた日常のひとコマなのだそうです。

病気の終末期の方のお見舞いに行くと、みなさんがとてもよろこんでくださいます。何か高価なモノや有名な手土産などが欲しいわけではなく、ただ人とふれあいたい、自分の心にある思いを話したいと思っているのです。

そして、「今、望むことはありますか？」と訊ねると、「家に帰って家族と過ごしたい」「好きなときに自分でお風呂に入りたい」「自分の足で歩いて散歩がしたい」といったような、普通の日常のことをおっしゃいます。

「仲よし時間」でも、多くの人が子供のころの思い出や、特別なことではなくても心があたたかくなるような小さな思い出を話してくれます。

そう考えると、どのような人生を歩んできたかに関わらず、誰にとっても本当に大切な思い出は、何気ない日常の小さなことにあるのだと感じます。人間は失って初めて、当たり前の毎日がいかに尊いものだったのかを知るのです。

だからこそ、私たちは生きている今、当たり前の毎日に感謝することが大切です。その大切さに気づくことができると、小さなものや些細なことに本当の価値を見つけて、感動することができ、幸せになることができます。

それができるのは、あなたの感性が豊かだという証拠です。なにも、クリエイティブな能力をもっているから感性が豊かというわけではないのです。

毎日、目が覚めて、ごはんをおいしく食べ、仕事に取り組み、友人と語らい、お風呂に入ってさっぱりして、居心地のいい自分の布団で寝る……こうした日常がどれほど幸せなことなのかを実感できる感性を磨いていくことが大切なのです。

そして、常日頃から身近な人、たとえば両親や旦那さんや奥さんに感謝や愛情の気持ちを伝えていきましょう。そうすれば、あたたかく、かけがえのない関係を結んでいくことができますよ。

最期のとき、あなたはどんなことを思い出すでしょうか。

私は、私の最期のときにどんなことを思い出すのか楽しみにしながら、日々を大切に過ごしています。

死にゆく人の最期の言葉

人は最期のとき、どのような言葉を残していくのでしょうか。

江戸時代後期に活躍し、代表作とされる『富嶽三十六景』や『北斎漫画』など膨大な数の作品を遺した浮世絵師の葛飾北斎は90歳で亡くなりました。

『葛飾北斎伝』によると、その最期の言葉は次のようなものだったといいます。

天の神が、あと10年長生きさせてくれたら……いやあと5年長生きできたら、真正の画工となれたものを。

また、辞世として次の句が遺されています。

人魂で　行く気散じや　夏野原

魂となって夏の野原に気晴らしにでも行こうか、という意味だとされます。葛飾北斎の末期の目には何が映っていたのでしょうか。

シンガーソングライターの大瀧詠一さんは、２０１３（平成25）年に65歳で急死されました。

家族で夕食をともにしたあと、奥さんがむいてくれたりんごを食べているとき、こう言って意識を失ったのだそうです。

ママ、ありがとう!

数々の名曲を生み出したアーティストの最期の言葉が奥さんへのシンプルな感謝だったことに、私はすばらしい人間性を感じます。

歴史書『三国志』に描かれる英雄の一人、曹操は、魏の国の基礎を築いた勇敢で知力に優れた武将であり政治家でした。

斂以時服、無蔵金玉珍宝。
(遺体を包むには平服をもってし、金玉珍宝を納むることなかれ。)

権力者は、自分の死後は巨大な墳墓をつくらせ、たくさんの華美で豪華な副葬品を埋葬させることが多いものですが、曹操は「薄葬令」を出して、これを禁じました。小説『三国志演義』では悪役として描かれる曹操ですが、じつは国民の負担を減らすための施策も行なった優れた為政者だったのかもしれません。

アメリカ文学の先駆者であり、小説『トム・ソーヤの冒険』や『ハックルベリー・フィンの冒険』などで世界的に知られる作家、マーク・トウェインは死の間際、こんな言葉で別れを告げました。

じゃあまた。いずれあの世で会えるんだから。

まるで、小説の主人公トム・ソーヤが笑顔で言うセリフのようで、死後もいつでもそばにいてくれるような気持ちがします。

粘菌の研究で世界的に知られる生物学者で民俗学者の南方熊楠は、森羅万象の生命を研究し、その美しさを知っていた知の巨人らしい最期の言葉を遺しています。

あぁ……天井に美しい棟《おうち》の花が咲いている。
医者がくると、その花が消えてしまうから呼ばないでくれ。
縁の下に白い小鳥が死んでいるから、朝になったら葬ってやってくれ。

次の日、家族が縁の下を見ると、実際に白い小鳥が死んでいたそうです。

あなたの大切な人の最期の言葉はどのようなものだったでしょうか？　あなたが亡くなるとき、どのような最期の言葉を家族に伝えるでしょうか？

死にゆく人たちの最期の言葉は、その人が生きてきた証であり、その人の生きざまが現われるものです。

ですから、今生きている私たちにとっては、どのように生きるのかが大切になってくると思うのです。

死にゆく人の思いは世代を超えて受け継がれていく

私の友人である建築家の鈴木エドワードさんが昨年、突然亡くなりました。

若き日のエドワードさんはハーバード大学大学院を卒業後に日本の有名建築事務所に勤務。その後、独立してからは日本全国のさまざまな建築物を設計されました。

エドワードさんは日本の歴史に残るような数多くの建築物を手がけてきた人ですが、ご本人は出しゃばるようなことはなく、やさしい笑顔がすてきな、とても謙虚な方でした。

死の1週間前、元気だったエドワードさんはこんなことを話してくれました。

「そこに住む人たちにとって世界でもっとも居心地のいい場所、鎧や仮面を脱ぎ棄てて、ありのままの自分自身でいられる空間、それがいい家だと思うのです。

居心地がいいというのは、この世で生きていて〝ありがたい〟と感じること。日々、小さな感動を味わえること。

建築家のなかには自分の作品づくりに走る人もたくさんいるけれど、僕は自分がやりたいことより当然、お客さんの満足が重要だと考えます。住宅でも公共建築物でも、依頼者やそこを訪れた人たちが何かの感動を味わえることが大切です。そうした建築物をつくるのが僕の使命だと思っているのです」

お話ししていると、話題は建築にとどまらず、死の話になりました。

「この数年、僕はよく死について考えるのです。自分が最期に息を引きとるとき、自分の人生を振り返って幸せだったと思えるだろうかと。

やはり、人間は誰もが幸せになるために生まれて、そして生きている。では、幸せというのは何かといえば、日々の生活のなかで小さな感動をどれだけ積み重ねることができたかだと思うのです。

時間がたてば建物は朽ちていくけれど、その家に住んだ人たちの人生の証、幸せの記憶は次の世代、そのまた次の世代に思いとして伝わっていきます。

自分らしく生きて、他の人を大切にして一生を終える。親がそうした生き方をすれば、その親を見てきた子供たちもそうした生き方ができる。その次の世代の子供たちが生きるころには、その家はもうないかもしれないけれど、そうした生き方は受け継がれていくと思うのです。だから、建築家の使命は大きいのです。

肉体も朽ちていくけれど、死というのはただ次の新しい世界に移行するだけだから、命というのはこの世だけでは終わらない。僕の命も続いていくのだと思っています」

子供を死には触れさせないほうがいい、と考える人がいます。死は子供の心にダメージを与えるから見せないほうがいいと言うのですが、私はそうは思いません。

死が恐怖や不安を子供たちに与えるのだとすれば、それは親や大人の死への恐怖、タブーとする感情が影響を与えているのです。

超高齢社会の現代では、これからご家族が「ゆるやかな死」を迎えることが多くなっていきます。今こそ子供たちには、祖父や祖母の死を見せてあげるべきだと私は思います。

人は誰もがいつかは死んでいく、その動かし難く尊い事実。そして、死にゆく人たちの生きてきた証。大切な人の死を経験することで、子供たちには死にゆく人の生きざまと思いが伝わり、そうした記憶は次の世代、そのまた次の世代へと脈々と受け継がれていきます。

親であるあなたの生き方や価値観は子供たちに伝わり、受け継がれていきます。ですから、親であることの意味、人としてどう生きるかという責任は大きいのです。

ぜひ、大切な人の死をご家族全員で分かち合い、幸せの「種」として大切に育てていっていただきたいと思います。

昨日から学び、今日を生き、明日への希望をもつ

マジックアワーと呼ばれる時間があるのをご存知でしょうか?

これは、日の出前と日没後の30~40分間ほどの時間帯のことで、日中の燦々と輝く太陽とは違った柔らかい光が世界を包み、空や街並み、山々などが刻一刻と色を変えていきます。この世界が、もっとも美しい姿を見せてくれる時間です。

さらに日没時のマジックアワーは、まだ太陽が地平線より上にあるゴールデンアワーと、太陽が地平線に隠れたあとのブルーアワーに分けられ、また違った美しい世界を私たちに見せてくれます。

1日のなかでもマジックアワーはほんのわずかな時間ですから、それに気づかない人もたくさんいるでしょう。しかし、人知を超えた大自然は日々、そうした美しい光景を私たちに見せてくれます。地球と太陽が織りなす、宇宙規模での大いなる計らいといえるでしょう。

私は、人間の一生においては、死に際の瞬間こそがマジックアワーだと思います。死の間際、どの人の命も最期に尊く、美しく輝きます。大切な人のこの時間を幸せに見送ることで、残されるご家族も人生のマジックアワーを味わうことができるのです。

私たち一人ひとりは、誰もが大いなる存在から命を与えられ、その命をこの肉体に宿した大切な存在です。

人生には、さまざまなことが起こります。自分にとって、いいことも悪いことも、つらく悲しいことも、うれしいことも。そうしたすべての出来事には意味があります。あなたの人生に起きることには、意味のないことや無駄なことはひとつもありません。

つらく苦しい出来事も、すべてあなたの学びのために起きることです。あなたが何を学んだのか、そこに大きな意味があるのです。

ですから、どんなに苦しく、悲しいことがあっても、私たち人間にとって大切なことは、今日を生きること、いつでも明日への希望を失わないことです。

そして、もっとも大切なことは、これから続く人生のなかで、死にゆく人とともに過ごした時間の意味を、そして自分自身の命の意味を問い続けていくことなのではないでしょうか。

最後に、世界でもっとも著名な科学者の一人であるアルバート・アインシュタインの言葉を記します。

Learn from yesterday,
live for today,
hope for tomorrow.
The important thing is not to stop questioning.

著者紹介

鈴木秀子（すずき・ひでこ）

聖心会シスター。

東京大学大学院人文科学研究科博士課程修了。文学博士。

フランス、イタリアに留学。ハワイ大学、スタンフォード大学で教鞭をとる。

聖心女子大学教授（日本近代文学）を経て、国際コミュニオン学会名誉会長。

聖心女子大学キリスト教文化研究所研究員・聖心会会員。文学療法、ゲシュタルト・セラピー。日本にはじめてエニアグラムを紹介。

全国および海外からの招聘、要望に応え、「人生の意味」を聴衆とともに考える講演会、ワークショップなどで、さまざまな指導に当たっている。

カトリック学術研究奨励賞受賞。著書多数。

死《し》にゆく人《ひと》にあなたができること
聖心会《せいしんかい》シスターが贈《おく》るこころのメソッド　〈検印省略〉

2020年　6　月　21　日　第　1　刷発行
2020年　7　月　15　日　第　2　刷発行

著　者——鈴木　秀子（すずき・ひでこ）
発行者——佐藤　和夫

発行所——株式会社あさ出版
〒171-0022 東京都豊島区南池袋 2-9-9 第一池袋ホワイトビル 6F
電　話　03 (3983) 3225（販売）
　　　　03 (3983) 3227（編集）
F A X　03 (3983) 3226
U R L　http://www.asa21.com/
E-mail　info@asa21.com
振　替　00160-1-720619

印刷・製本　神谷印刷（株）

facebook　http://www.facebook.com/asapublishing
twitter　http://twitter.com/asapublishing

ISBN978-4-86667-211-3 C0034